連結之戰

網路、經濟、移民如何成為武器

馬克・里歐納德 著

王眞如 譯

MARK LEONARD

THE AGE OF UNPEACE

HOW CONNECTIVITY CAUSES CONFLICT

致母親與父親

致 Berni 與 Annele

致 John、Marjorie、Richard 與 Andrew

致 Graham、Susie 與 Guy

致 Miriam、Phiroze 與 Isaac

致 Jakob 與 Noa

致 Gabrielle

目錄

206

第六章　權力的新地形

現在看來，全球化並沒帶來美好的世界，而是在國家內部與國家之間，創造出在頂層的贏家與在底層的輸家。全球化重塑了世界各國家內部以及跨國體系的地形，讓我們處於一個更加複雜的世界。今天，我們所生活的世界不只是圓的，還擁有高低起伏的地形，但總之都不是平的。

226 第七章 連結的帝國
在這個新型連結世界中，三大帝國（美國、中國、歐洲）各使用不同的武器與策略讓自己發揮影響力。其他的第四世界國家則必須在這交纏的連結中找到自己的空間。
233 華盛頓：守門人權力
238 北京：關係權力
246 布魯塞爾：規則制定者
252 第四世界

266 結論 解除連結的武裝：一篇宣言
夏威夷的經濟結構，實實在在顯現出全球化的一體兩面。當地政府一半的GDP來自將此地視為與中國對抗前線的美國國防部，另外一半則來自觀光，特別是因婚禮而來的觀光客。夏威夷的經濟因愛與戰爭而生。因處連結與衝突之間，而被撕裂，成為世界的縮影。
270 非和平時代的處方
◆ 274 第一步：面對問題
◆ 276 第二步：建立健康的界線

INTRODUCTION

引言

The Age of Unpeace:
How Connectivity Causes Conflict

連結難題

此刻，全人類可能面對的是一個嶄新無聲的流行病開端，像 Covid-19 一樣在全球蔓延，呈現指數性的成長，藏匿於各種網路世界的裂縫當中隨時變種，閃躲我們的防禦機制。但不像病毒與全人類為敵，這個新流行病在人群之間被蓄意擴散，惡意的行為並非來自大自然，卻有如病毒一般的倍數生長。而人與人、國與國之間的連結便是它的武器。

以我們因應 Covid 的方式，就可以略窺一二。在疫情的開端，疫苗、口罩以及防護衣短缺的狀況一直存在，但世界各國非但沒有共同努力補足物資，反而紛紛利用自己的物資優勢來霸凌他國。疫情之初，中國政府便開始大量囤積各類藥品、口罩與個人防護設備，當病毒散播之時，這些物資則被當作賄賂及勒索的籌碼。中國的盟國，像是巴西、塞爾維亞、義大利等國家，在擁有充足的口罩與疫苗時，其他疫情更嚴峻的國家，如澳洲、法國、荷蘭、瑞典與美國，卻面臨需改變對外的國際政策，以避免物資被扣押的窘境與威脅[1]。

這些毒性連結並非單指貿易情況。當因喬治・佛洛伊德（George Floyd）之死而起的民權運動：「黑人的命也是命」（Black Lives Matter）在美國遍地開花時，一波制裁「法西斯警察」（fascist police）的貼文在非裔社群媒體帳號中興起。這個現象看似是一波全球性的政治覺醒，實則為駐點在迦納與奈及利亞，被俄羅斯政府資助的網軍精心策劃的產物。

因科技而起的衝突也影響了全球最大的幾個企業。多年來，Google 與華為一直保持著緊密的合作關係，串連起全球最成功的手機製造商與最廣泛被運用的作業系統。然而，當美國將中國的手機製造商列入制裁名單時，Google 也將華為從其 Android 作業系統中除名，導致數百萬名華為用戶無法更新，更讓中國科技巨頭的股價陷入危機。

就連在同盟國之間，也似乎常以分歧收尾。舉例而言，二〇二〇年的十二月，法國政府封起通往英國的國界，導致英國超市中的蔬菜水果全面缺貨。這項禁止英國貨車通行的政策，表面上是為了防堵 Covid-19 疫情蔓延，同時卻是為了向唐寧街施壓，藉此在英國脫歐最後階段索取更高額費用。

當世界強國施展國際手腕的同時，國力較弱的國家也運用類似的手段反擊。同樣在二〇二〇年，伊朗海軍為了抗議嚴厲的國際制裁而開始扣押各國油輪，希望藉由這樣海盜般的作為，以突破國際金融壟斷。而在幾個月前，鄰國土耳其的總統才剛打開自己國家通往希臘的邊界，促使數百萬的敘利亞難民前往歐洲尋找更好的生活。他的目標不在協助難民們追求夢想，而欲藉難民潮報復歐盟的制裁措施。

中國的霸凌、俄國的煽動、美國的監管、法國的封鎖、伊朗的侵犯、土耳其的勒索，這些舉動有何共通之處？這些並非如隕石墜落或地震般的隨機意外，而是一種新型政治暴力。每一項都是針對全球連結中的弱點進化而來的武器。只要有一個國家有類似作為，另一個國家就會還以顏色，形成國際關係緊張的惡性循環，當我們步入二十一世紀之後，這些作為更如惡疾般大流行。

非戰與非和平

本書簡短的篇幅只有一個核心概念：將世界串連在一起的「連結」也正分裂世界。在這個核武戰爭代價太高的世界裡，各國轉而操弄他們與其他國家之間的連結以引發衝突❷。大國之間儼然如一對貌合神離的夫婦，彼此無法忍受對方的存在，卻也無法直接離婚。在這樣的關係裡，過往美好時光所共創的事物，便會被拿來當作針鋒相對的籌碼與武器。在失敗的婚姻中，彼此仇恨的夫妻利用小孩、寵物、度假小屋來威脅彼此。沿用至地緣政治學裡，貿易、經濟、人口移動、疫情、氣候變遷、以及更重要的「網際網路」都會被當作武器使用❸。然而正如稍後將做的解釋，連結本身提供了競爭機會、較勁理由、部署軍械的需求。

國與國之間深層緊密的相互依賴，不但沒有弭平國際競爭，反而更加助長之。國家之間一直存在著經濟脅迫，但全球化之後所出現的隱形網絡，讓這樣的關係越演越烈。各國操弄連結的方式，讓制裁、壟斷、形象宣傳更具傳染力，而網路的存在也加速了國際關係改變的速度。我們的世界並非如記者湯瑪斯．佛里曼（Thomas Friedman）所稱的一樣平坦★，事實正好相反，世界是一個多山多丘陵、一點也不平坦的網絡體系。相對處在網絡中央的國家握有優勢，能夠利用或操控資源去對抗敵對國，並順勢鞏固自己的勢力，比如美國對於美元以及網際網路的控制；中國對於醫療資源製造鏈、大量稀土金屬資源的取得便利性操控等等。然而，

★其著名作品為《世界是平的》（*The World is Flat*）。

國力較弱的國家只要找到正確的施力點，仍能威脅大國，比如伊朗阻斷航線、土耳其利用難民當作籌碼等作為。

我們該將這種新的衝突稱為「連結之戰」（connectivity wars）嗎？大致可以卻也不盡然[4]。一直以來，人類歷史都在戰爭與和平中交替，這樣的交替書寫了歷史、決定了國界、更影響社會契約的本質、經濟貿易的架構、政治存在的目的……等等。這樣的交替也刺激了我們的想像力，激發出了種種文學史上偉大的詩、小說等創作。然而，如果托爾斯泰（Tolstoy）生在當今社會，絕對不可能寫出像《戰爭與和平》（*War and Peace*）這樣的作品，任何人都無法，因為戰爭與和平的邊界早已被消弭。

戰爭的原則：必須有兩個以上的主權國家，以宣戰作為開頭，以和平協議作結，過程中有穿著不同制服以區分彼此的士兵上戰場作戰。

然而這種傳統的戰爭已經消聲匿跡，二次大戰後，美國與歐洲境內已不再有這樣的戰爭發生。雖然在中東與非洲地區還是有悲劇性的傳統戰爭發生，但綜觀歷史，這些戰爭致死人數卻相較要少得多。甚至，在過去數十年間，全球自殺的人數早已超過因為戰爭而死亡的人數。

卡爾・馮・克勞塞維茲（Carl von Clauswitz）★曾說戰爭是延續政治的「另一個手段」，但在本世紀，核武的存在使得戰爭的代價無法估計；因此花費較少、更有效率的連結衝突，早以成為當今全球政治的「另一個手段」，連結衝突也因此開始在全球增生。當連結衝突愈發流行，殺害的人數也早已超過傳統戰爭。❺

不同於以往，戰爭發生於陸地、水路、或者空中，新的鬥爭則發生在網際網路、邊境管制、科技、供應鏈以及經濟體系當中。同時，鬥爭的舞臺也從全球經濟的邊緣移至核心，歐洲與美國所受影響不亞於非洲或拉丁美洲。參與鬥爭的角色也已經轉變：在過去，能夠參戰的只有少數強權國家，當今，成千上萬的人都可以藉由網際網路或者恐怖主義來傷害對方，受害者也從戰場上的軍人轉變成平民，受影響的人數也從幾千人倍增至幾百萬人。

同時，因為連結衝突並不會生產出能夠在社群媒體上被人分享的駭人影片，大多數的人可能認為連結衝突並不像傳統戰爭一般致命。但只

★ 著有《戰爭論》（*Vom Kriege*）。

因為屍袋沒有被影像紀錄，並不代表這些衝突不致命。實際上，這些衝突早已影響了成千上萬人的性命。

國際制裁、人口驅逐以及貿易戰雖然已經存在了好幾世紀，但因為全球供應鏈、網際網路以及美元化經濟系統的建立，影響外國社會、經濟所需要動員的成本大幅降低。國際制裁已經透過限縮食物、藥品、電力等舉動，在委內瑞拉、伊朗、蘇丹、以及北韓殺害了好幾千人。而光是在古巴、科索沃、利比亞與土耳其，就有上百萬的平民，因為政治因素而蓄意的被趕出家園。同時，因為網際網路攻擊已經有能力影響整個國家，貿易戰也在俄國、中國、德國、加拿大導致上千萬人丟了飯碗。美國國土安全部指出六十五個機構，會僅因單一網際網路攻擊而導致「災難性傷害」；災難性傷害的定義是：「導致或有可能導致五百億美元的經濟損失；影響兩千五百個機構或對於國家安全造成危害。」截至目前為止最嚴重的網際網路攻擊，是各國的民主選舉。（從二〇一六年的秋天到二〇一九年的春天，有駭客意圖干擾選舉的民主國家就有二十個，影響了十二億人。）[6]

如果我們把這些數據加總起來，可以明顯看到受連結之戰影響的人數，早以讓傳統戰爭的致死人數相形見絀。過去二十年間，當上百萬人被連結戰爭所害時，每年因軍事衝突而死亡的平均人數已少於七萬人，❼而這還只是悲劇的開端而已。

連結衝突雖然比軍事衝突更普遍、更有效率、且更致命，我們卻很少意識到它正在發生，甚至目前為止也還沒有一個固定的名詞被用來稱呼它。因而大多數的人還認為我們身處於太平盛世之中。

這些新式攻擊的確不符合傳統定義的戰爭，但我們怎可無視這些每天撕裂世界，造成緊繃局勢以及暴力的發生？當我們開始注意到每年成千上萬名的受害者後，就無人能再稱我們生活於和平世代。

事實上，有個詞能大致描述這懸置於戰爭與和平之間的曖昧狀態。專攻於網路現象的學者們，如盧卡斯・凱洛（Lucas Kello），每天看著成千上萬個不符傳統戰爭的常規攻擊，便不斷尋找能準確描述這個灰色地帶的詞。最後，他們決定巧妙的挪用一個源自盎格魯–薩克遜（Anglo-Saxon）中古英文的優美詞彙，形容現今的網路失序——非和平（Unpeace）❽，這一詞完美概括了暴力是如何從網路蔓延到國際貿易、經濟、移民等議題上的狀況。因為競爭國家之間恆久的競爭以及無止境的互相攻擊，我們被迫要生活在一個不穩定又多災的世界裡——歡迎來到非和平時代★。

抵達彼方後再回到原點

我可能是那群最無法感知身處「非和平時代」的群眾之一。傳統戰爭形塑我的家族歷史，以及身分認同的各個層面，而我過著沒有戰爭的人生。

我的祖父出生於維多利亞時代晚期的英國，一個正派的家庭當中，當時為了參加一戰而謊報自己的年紀，而後因為遭受毒氣攻擊，被送至醫院撿回一命。我的父親因為八歲時在二戰中被撤離，而對戰爭產生陰影，因此在五〇年代選擇成為良心拒服兵役者（conscientious objector）而沒有加入軍隊。父親的經驗促使他對政治感興趣，也讓成年的他不顧工黨黨鞭，與其他六十九個工黨國會議員，一起對英國留在歐洲聯盟（European Community）的公投上投下贊成票。

我的母親誕生於一九四四年。當時她的德國籍猶太裔雙親藏匿於法國修道院中。在法國生活了幾年後，她們於一九五〇年回到德國（她的父親則繼續留在法國）。她的親戚散落世界各國。當他們有機會聚在一塊時，談話當中通常會參雜英語、法語與德語。

如同現今多數歐洲人，我身處於一百五十年來從未經歷過政爭、驅逐或種族滅絕的初世代。我的人生充滿著前人無法想像的機會。生長於一九八〇年代的布魯賽爾，有著英國籍的父親，以及法國出生的德國籍猶太裔母親，是這些身為歐洲人的身分認同，給了我破碎家族的歷史意義以及團結的能量。我的外婆葛楚·海德伯格（**Gerytrud Heidelberger**）影響我成長過程甚鉅，十歲便成為孤兒的她，是猶太大屠殺的倖存者，她自學七種歐語，年老時依舊能夠背誦但丁、海涅、濟慈與華茲華斯的詩句。成長的過程，我看到這些偉大詩人筆下種種暴力的歷史，是如何能夠由一個共同屬於歐洲未來的故事而走向和諧。我也相信這個共享的歐洲文化以及共同的命運，不但有可能協助我們，更有必要避免我們在未來重蹈覆轍。而我的作品也都反映著這些家族的經歷。

★本書原書名為 **The Age of Unpeace**。

二〇〇五年，我出版了《歐洲如何打造21世紀》（*Why Europe Will Run the 21st Century*）解釋歐洲為何有可能主宰二十一世紀，是封寫給這個徹底終結戰爭、掀起數個獨裁國家民主浪潮、拓展數千萬人視野計畫的情書。[9]同時我也嘗試了解其他國家的文化，以熟悉更多未知的事物。我花了數年研究中國的思想解放，寫了《中國怎麼想？》（*What Does China Think?*），探討這個崛起的強權中，關於資本主義、政治與全球化的各種辯論。[10]二〇〇七年，為了推廣使用外交手段，而非戰爭來解決國際衝突的理念，我設立了一個歐洲智庫。[11]當時招攬了來自超過二十個國家的員工，在歐洲七個國家設置辦公室，其中最大的據點就在倫敦。國際主義（internationalism）興起的浪潮，在當時不斷地振奮著我的家族、我的事業以及我的國際觀。

但在二〇一六年，國際主義的浪潮因為英國脫歐公投、唐納·川普（Donald Trump）當選而退去。我感覺像觸礁的船一樣，許多人在公司、家庭中也同樣感覺自己擱淺。對我來說，這趟從國族主義（nationalism）到全球主義（globalism），又再倒退回來的旅程真是再真實不過了。為什麼這麼多人排斥，這股讓我的生活比我祖先更安全又更富足的推力呢？

他們怎麼會想回到那個享受不到人與人之間的連結與科技進步帶來甜頭的年代呢？如果依照二十世紀的傳統分析方法，我們實在很難解釋**為什麼**所有現存的科技知識、連結、以及「人類是需要共同面對未來」的這個覺察，並不足以凝聚全人類、共同解決我們遇到的迫切問題。那麼，我們到底該如何分析解釋過去的這五年呢？

二〇一六年之後，我每天都在問自己這個問題。在尋找答案的過程中，我鑽研政治學、歷史、社會學、經濟學、心理學，也向網路科學家、藝術家、人類學家、甚至是神職人員尋求答案。因為這項研究，我去過矽谷的Facebook總部，也去了中國的人臉辨識實驗室；探訪過土耳其總統的奢華新宮殿，也造訪了夏威夷的軍事基地；與瑞士達沃斯（Davos）的億萬富翁們對話，也詢問脫歐後的英國失業勞工。與伊斯蘭革命衛隊（Iranian Revolutionary Guards）以及沙烏地王子談話，也與一些連結世界中最活躍的的重要營造家們交換意見，比如：喬治・索羅斯（George Soros）和彼得・泰爾（Peter Thiel）。我希望透過這些交談、旅行、會談，我能夠在這個開放世界裡面創造出一組防禦機制，但當我愈挖愈深，就發現我的思考變得愈來愈錯綜複雜。我腦中跑出許多惱人的問題：要是這個將我們連接在一起的過程，正是造成分裂、爭執的原因呢？要是在全球化世界當中，各國開始出現分歧並不是因為系統當中的程式錯誤，而是因為全球化的本質所致呢？

本書結構：機會、理由、與武器

全球化串連起人、市場、科技與思想，提供世界有益的連結。本書講述當全球化背棄我們所發生的事，以及這樣的背叛，對全人類來說代表著什麼。我發現我很難接受這個能被簡單指認的問題：人類無法共同享有「一個世界」，因為逐漸緊密相連，除了帶來更了解彼此與更團結的起始點之外，同時也帶來了更嚴峻的衝突以及分歧。[12] 一直以來，總有人主張連結本身是一體兩面的，認為互相依賴未必能夠停止戰爭，也有些人透過書寫來描述這些連結是如何被武器化。但我發現一件更令人擔憂的事，那就是「連結本身驅使我們走向分歧」。連結給予人們發生衝突的**機會**、彼此競爭的**原因**，以及發動攻擊的各式**武器**。

機會

我們先從機會談起。在千禧年之際，我跟許多人一樣，曾希望網際網路與全球化成為動能，提供我們朝著全球政治覺醒前進，透過連結促使全球互相理解；貿易透過供應鏈將我們凝聚在一塊，使發動戰爭的代價愈來愈高昂，甚至變成一個不切實際的想法；科學代替情感，成為人們決定未來的基石；法律取代戰爭，成為不論在貿易上、環境議題、數據、甚至人權議題中，弭平各式紛爭的方法。各國政府訂定目標，透過拆除高牆、消融國界、簽訂貿易協定、架設道路、建構鐵路、拉管線、增設機場……等等，織起一個將全球聯繫在一起的網。全球化也確實藉由六千四百萬公里長的高速公路、二十萬公里長的管線、十二萬公里長的鐵路、七十五萬公里長的海底網路電纜，將我們牽連在一起。相較之下，全球只有二十五萬公里長的國界將國與國之間分開。[13] 二十年前，只有一千六百萬人使用網際網路，但現在全世界有一半的人都在使用（而到了二〇二二年，使用人數會來到六十億）[14]。每天大約有十五億人登入 Facebook，而在 Twitter 上，每日也有五億個貼文被發布。[15]

在被連結的世界中，人們沒有保留自身隱私的餘地，每個人都不斷的出現在彼此面前。雖然這讓國家以及人群之間能夠共同工作、貿易、互相學習以及建立友誼，但連結同時也創造國家以及人群之間更大的競爭機會。就如同傑出的社會學家安東尼．紀登斯（Anthony Giddens）所指出的，社群媒體創造出了一個地球村，連結了各種友情以及愛情，但同時我們也在這地球村當中面對著許多的霸凌、流言蜚語、諷刺言論、欺瞞與暴力事件。[16]

當世界愈來愈擁擠，因科技連在一起，這些接觸點便製造出更多引發紛爭的可能性，同時也增加了干涉彼此的機會。連結的網絡成為傳動帶，讓國與人有能力將開放的社會轉變成對自己有害的動能。同樣的，網絡也允許國家之間互相比較、模仿，在過程當中漸漸的互相競爭。古希臘人的智慧一直有辦法描述各種張力，他們有一個字特別被用來形容那些最終會殺死患者的藥「pharmakon」。我們這個世代的悲劇，即是那股將我們凝聚在一起的力量，也同時分裂著我們、威脅著要摧毀我們。然而只因為連結本身製造出了衝突的機會，並不代表衝突必然要發生。國家之間之所以會有緊繃的情勢出現，是因為人類的恐懼、貪婪與渴望得到權力的慾望，而連結正好加深這一切的感受。

理由

這本書的第二個主題：「**為什麼**連結給予我們競爭的起因？」我們一直都知道連結是一體兩面，除了允許我們與對方競爭，也讓我們能夠彼此合作。正是因為連結改變人們與國家的思考模式，對於身分認同以及利益的改觀，讓我們更傾向於向彼此競爭。在本書中，我將會探討科技連結是如何激起人們的好勝心，製造出更兩極化的社會、助長這場忌妒心的瘟疫、同時讓我們失去主導權。

數位媒體讓真實變得破碎而戲劇性，導致我們完全無法對事實達成共識，社會的分裂，不再只是因為人們擁有不同的**意見**所致，也是因為接收到不同**事實**。我太晚才意識到，對於過去幾十年來所發生的事，很多人的詮釋跟我大相徑庭。在我的生活中，旅行與貿易自由化以及歐盟國間出入境自由的政策，帶給我更多的機會。我因而在不同的國家經歷了許多，也品嚐以往不曾嘗試的美味，我能夠招攬更優秀更有趣的員工，甚至能夠考慮對我敞開大門的世界彼端，那條件最好的工作機會，因而重新塑造我的職涯。但在同一段時間內，對許多人來說，國家引進了願意接受更低薪資的移民，國際連結使他們失去了工作，移民不僅佔據了醫療以及教育資源，導致房價上漲，也讓不同的語言、商店進到大眾的生活圈裡。這樣的開放也增加了經濟危機、恐怖主義、疫情進到我們的生活路徑，同時也創造了評斷我們言行舉止的新標準。我們文化的改變幅度之深遠，導致許多人宣稱，恐懼有一天自己會成為「家鄉裡的異鄉人」。換言之，許多我認為帶來和平以及機會的轉變，反而讓許多人感到更脆弱、變得更貧困。但由於我們吸收不同的媒體，用不同的方式詮釋所觀看到的訊息，我們對於現實的見解無法達到共識。我是如此安心地待在自己的同溫層裡，以致於我完全沒有意識到，在另一個與我平行的同溫層中，連結所激起的日益見長的不公平、忌妒心、以及失控的各種感受。

同時，因為社群媒體的使用，人們的生活被公開，導致互相比較。以接近工業化發展的規模，製造出每個人心中的嫉妒心理。尼采是第一個在十九世紀提出：藉由增加旅遊、貿易、交流的機會，我們將創造「比較年代」的人。他見到一種新全球意識（global consciousness）會讓人們拿自己國家的思想、習俗與文化去跟其他國家比較，同時對於自己相對弱勢的項目產生排他性。尼采想討論的，是一個抽象概念，屬於思想上的辯論；而非我們日日折磨自己，無情地將受局限的生活與世界最成功、具權威之人做比較。經濟學家向我們展示，在全球化的緊張情勢中，是如何藉著加劇社會的不平等，創造出想要推翻市場體系卻失敗的賭徒們。外交政策專家也告訴我們，連結一旦改變了全球權力原有的平衡，地緣政治的緊繃情形也會相應而起，遙想曾經德國貿易能力增加時，與大英帝國之間的關係便開始緊繃；或是因為中國崛起，與美國產生的摩擦。但實際上，轉變最劇烈的是個人之間的互相比較。在我還小的時候，我們會拿自己的經驗跟鄰居或者家長的經驗互相比較，但今日，我們拿來當作衡量基準的是世界上最成功、最有特權的人的生活當中各種（可能是虛構的）敘述。但我們怎麼能拿這樣的基準與自己的人生比較呢？因而，不滿的情緒滋長，恆長的怨恨產生。

連結也漸漸的讓人們感受到世界已經不在他們的掌控之內。你大概可以想像，在英國脫歐之後，我有多常因為我寫的書被嘲笑。許多人認為我的書名《歐洲如何打造21世紀》很自負。雖然現在回頭看這個書名，確實很荒唐，但給予歐洲理想的奢侈讚美，我卻一點也不感到後悔。然而，我確實不該暗示被全球化定義的世界能夠被一個權力體掌控。畢竟，全球互相連結的核心特點正在失去控制：除了那些想要控制流動資本、規範科技業巨頭、減緩氣候變遷、或者想要避免被歐陸強權利用的國家之外，還有面對著難以解釋的演算法、國家內經濟與人口的轉變、或甚至意識到政治精英無法再替自己發聲的每一個人。

我嘗試藉由脫歐公投後的英國與川普執政的美國，來解釋這些轉變的趨同——如何一致的在國家**內部**導向紛爭，又如何驅動一個操弄人們身分認同與嫉妒心理的新型政治手段。我也試著展示這樣的浪潮是如何引發國家之間的紛爭。在全球網絡形塑世界的年代，一種新的部落主義（tribalism）以及受害者心理已經共同締造了新的權力樣貌。我同時也會探討形形色色的國家，比如伊朗、沙烏地阿拉伯、俄羅斯和土耳其，為了要在這個新時代當中競爭，是如何重整他們的外交政策。

武器

我的第三個大主題是探索：「串連我們彼此的連結，如何被轉變成**武器**？」在本章開頭的幾個例子裡面，我們揭露了全球化世界裡隱藏的連結，以及這些連結是怎麼被用來製造人們之間的分歧。我們可以預見不論是喬·拜登（Joe Biden）或川普在位、中國的獨裁者還是法國的民主主義者掌權，都將更頻繁的運用全球化的連結來增加自己的權利，並以此中傷他人。

本來有意要把世界聚攏在一塊的連結，已經脫胎換骨，變成一艘將全世界拉往戰場的拖輪。貿易供應鏈、匯率、經濟體系、天然資源、以及能源定義著經濟領域；各國之間的基礎建設競爭也被能源與數據的流動影響；科技世界的參與者也將彼此爭奪智慧財產與資訊；移民與難民，以及控管人口流動的過境協議也將成為紛爭的主因；國際組織將會繼續成為競技場而非成為避免競爭發生的檢查哨口。我們所見到的貿易戰、制裁、網路攻擊、假新聞以及難民潮，都是領導者們為了替自己圖利，同時製造他國的苦痛而操弄國家之間連結的實例。這些人與人之間的接觸點，創造出了恆常鬥爭的戰場，導致國家之間彼此對立。

在全球鬥爭的新情勢之中，各國也利用任何他們手中所握有的資源以小搏大，如俄國利用天然氣資源來勒索鄰國、影響選舉；土耳其利用開啟國界以及驅逐難民來當作威脅的手段；沙烏地阿拉伯支持各個準軍事組織，並金援其他國家中瓦哈比派（Wahhabi）的清真寺。印度抱怨「資料殖民主義」（data colonialism），並且以此為由，排除中國的網路公司進入他們的市場。雖說如此，全球三個最重要的玩家，還是「美國」、「中國」以及「歐洲」。美國仰賴著美元勢力，掌管對於全球金融體系的使用權，也藉由他們對網際網路的控制，來監控整個世界。

中國藉由建造道路、鐵路、管線、大量的準備金以及受保護的國內市場所獲得的收入，串連世界各個角落的其他國家，並在自己與這些國家之間，建構對自己有利的關係。

歐盟利用市場大小的優勢，以及本身的官僚行政能力，發展出全球連結的使用說明書。當我們進入全面連結時代的同時，因為這三個強權對於危機所在的位置的不同見解，以及各自擁有的不同武器、治理哲學、以及世界觀，全球秩序將會被這三個連結帝國之間的鬥爭而重新定義。

大重構

我的許多朋友都認為，我們面臨著人生當中最大的挑戰：努力維持開放世界的秩序。對他們來說，政治人物彼此之間的分別不再因為偏「左派」或「右派」，而是偏「開放」（open）或「封閉」（closed）。[17] 現在所面臨的大哉問是——築起高牆還是歡迎移民入境？自由貿易還是保護主義？維持當代價值還是回歸傳統？這種似乎能夠解釋我們生活中或遠或近、大大小小的各種分歧與分裂，已經超越了以前政黨菁英之間的瑣碎紛爭。

「開放」與「封閉」的二元想法，給予政治人物從冷戰結束後就不復存在的排場與便捷。民粹主義（Populism）、缺乏經濟保障、與社群軟體，都替這個推翻上一代所擁有的政治共識鋪下反向革命的基底。對部分的人來說，解套的方法便是對抗轉變，以及收回失去的利益，擊潰川普與英國首相強森（Johnson）、終結緊縮政策、規範科技業巨擘。正當我在書寫這段的同時，我的身旁有一份《經濟學人》（*The Economist*），當期的封面宣布：「再見了，全球主義」，同時提問「Covid-19 是否扼殺了全球化？」（Has Covid-19 killed globalisation?）。經濟學人雜誌宣稱「世界歷史最偉大的年代」被三個事件直拳重創，分別是「二〇〇八年的金融危機」、「美中貿易戰」以及「Covid-19」。但該篇文章本身將這三個事件視為天外飛來的橫禍，而非《經濟學人》封面所昭示的全球連結的直接結果。這首致舊世界的輓歌當中，並沒有解釋清楚我們是如何藉由連結，開始趨同，走向競爭，最終導向紛爭。

當我愈嘗試了解我們的政治，就對我們可以再度朝向「一個世界」前進的想法更感到不安。國際主義者冒著異化那些他們最需要說服的對象之風險，稱他們為封閉、無知、或狹隘的人。然而更麻煩的是，「開放」以及「關閉」的二元想法並無法解釋形塑這個年代的悖論：「當國與國、人與人愈是靠近，他們就愈想遠離彼此」。當今世界的核心組織原則，並非全球化主義者（Globalists）以及國族主義者彼此的吊橋之爭，而是許多被串連在一塊的對立派系之間所發生的一連串「連結衝突」（Connectivity conflicts）。雖然將人類串連在一塊並不永遠等於引發衝突，但卻能夠激起類似的反應，而除此之外，連結也同時提供了攻擊的手段。

或許正是這種所有事情都在改變的感覺，讓人更渴望事情能夠回到「正常」，重建更樂觀的時代。完全可以理解在疫情爆發、川普執政美國、英國脫歐之後，許多人反而更渴望無聊、可預期、一成不變的生活。但許多人在內心深處也知道，「正常」是一件永遠不會再次出現的事了。原先可能一世紀發生一次的插曲，現在似乎不消幾分鐘就會發生一次，在前一個事件徹底翻轉我們的世界後、塵埃落定之前，又有下一起事件威脅著要將我們的生活再次打亂。

我時常想：在歷史的轉捩點上寫書會是什麼感覺，比如一九一四年、一九二九年、一九三九年、或是一九四五年，在那些當世界原有的秩序消失，並決定不再繼續遵守舊秩序的年代。我有能力理解自己正身處一個歷史改革的開端嗎？把已經消逝的舊世界依照編年體書寫下來、開立病危通知、或者對不同的未來描繪藍圖，會是什麼樣的感覺？雖然我們當前的年代與過去歷史上的轉折點中，都有著許多的未知數。但在一個重大的面向上卻截然不同，過往時刻都帶來能夠根本轉變人類生活方式或信念的醒悟，第一次世界大戰終結了各個帝國與全球化；經濟大蕭條也替經濟自由主義（Economic liberalism）敲下喪鐘；第二次世界大戰說服了領導者們以冷戰取代戰爭。然而在今日，我們似乎沒有準備好要放棄為互相連結的世界帶來苦痛的事務。

我希望我們能夠像伍德羅・威爾遜（Woodrow Wilson）、約翰・梅納德・凱因斯（John Maynard Keynes）、或迪安・艾奇遜（Dean Acheson）一般，為此刻的我們如同造新建物般，變出嶄新的世界架構。但有別於先前的這些年代，我並不覺得當前需要的是創造新架構的建築師或總工程師，畢竟沒有人想要失去連結。甚至，從許多面向來說，正是先前這些建造全球化架構的建築師所立定的規劃在困擾著我們。

與其尋求建築師幫助，我們需要的是能夠幫我們接受我們自己、並且教導我們管理內心惡魔的諮商師。我們發展出提供我們神一般的科技能力。我們也解決了先前將全人類置身苦海的難題：飢荒、病毒、以及無法理解不同文化的困境。

然而同時也是這些科技，有能力將我們的世界付之一炬。最壞的情況，將會是親眼看到各種稱不上戰爭的連結攻擊在四處同時發生：災難性的網路攻擊、癱瘓全球供應鏈的貿易戰、引發全球經濟蕭條的經濟危機；同時國族主義政府藉由操弄氣候變遷來中傷對手、驅趕境內難民離開家鄉、在全球散播疾病。即使有了先進的科學以及技術，我們還是無法理解被連結的世界是如何餵養著嫉妒心理，同時提供國家跟人民傷害他人的武器。

然而現在改變路徑還來得及。這本書是一個關於自我認知的論證。

與其認為這些衝突是外部能量導致的，我們需要真正意識到衝突的源頭就在我們的生活方式以及選擇當中（不光只是大的選擇，連我們沒有意識到的細小決定都包含在內）。藉由自我分析，我們能夠事先為危機做好準備，並同時確定我們所剩的選擇有哪些。

我們的目標必須要是使連結失去殺傷力，而非使之消失。我們應該要試圖移除的是可能因互相依賴而造成的傷害，或者至少學習如何與不同價值觀的權力共存。有一些實例讓我們相信這樣的做法仍然可行。在中國，政府提出了「雙循環」★的概念，藉此重新調整中國與世界的關係，也讓中國在面對其他國家時相對不會感到威脅。在華盛頓，美國總統拜登在重新思考美國的貿易、科技、與外交政策，讓美國較不受外部勢力干擾的同時，向那些自我感覺在連結世界裡卻成為輸家的人伸出援手。而在歐洲，追求歐洲主權以及自主權的手段也開始出現轉變，從單純的拆除高牆，轉變成致力使互相依賴變得更安全。

★國內國際雙循環，中共中央政治局常務委員會於二〇二〇年五月十四日所提出的經濟政策，以國內內循環、國際外循環所打造的「雙循環」經濟主體，後被中共中央總書記習近平修正為「以國內大循環為主體」。

針對當代的政治危機，已經有數十億字的文章被書寫，然而很少政治評論家直接面對：「將世界連結的過程也導致了世界的分裂」。這本書試圖點亮我們世代的最大難題：我們沒辦法回到連結被建立起之前的世界，然而同時間，若人類不改變思維模式，我們很可能正在自取滅亡。我將會展示連結是如何創造引發衝突的機會、動機、以及方法，而在書的最後，我會對於我們能夠一起建構怎麼樣的未來（同時該避免哪種未來）做出提問。

冷戰時期最大的挑戰，是該如何在核武導致人類的滅亡之前，控制核武的擴散。然而我們年代的挑戰並不是控制武器的流動，而是該如何使連結失去攻擊性。

人類在未來幾年間所做的政治選擇，將會決定我們面前的時代，是充滿史無前例的大好機會，還是導向人類集體自殺的未來。形塑未來的能力就掌握在你我手中。

第一部

FIRST PART

機會——連結創造了衝突的機會

1

大趨同（Convergence）——「一個世界」的幻想

冷戰之後，中美關係極其密切，無論是科技與貿易往來都越來越深入，也藉由模仿而越來越相似。連結，原是期待能走向世界和諧大門。連結非但沒有讓地緣政治中的競爭變得理智，反而使衝突變得無可避免。那些曾經應許人類和平的，反而成就更多紛爭。

The Age of Unpeace: How Connectivity Causes Conflict

冷戰之後，中美關係極其密切，無論是科技與貿易往來都越來越深入，也藉由模仿而越來越相似。連結，原是期待能走向世界和諧大門。連結非但沒有讓地緣政治中的競爭變得理智，反而使衝突變得無可避免。那些曾經應許人類和平的，反而成就更多紛爭。

當我初次踏上中國領土，每件事情都令人費解：不熟悉的語言聲調、綿延不絕的車陣、曖昧不明的政治體系、大到我的腦袋無法理解的數字。我記得在禮堂中的大椅中渡過數個小時、與官員們喝茶並禮貌地對談、搞不清楚我們的對話將導向哪裡。但這當中最讓人感到不安的是：中國與談者們對於中國的願景，與歐美對於中國未來的想法之間的鴻溝。二十年之後，經歷了數十次的訪視、並有了在北京中國社會科學院中擔任研究員的經驗之後，這些原本看似詭異的想法，漸漸變得熟悉且可理解。我習慣了他們的語言、壅塞的交通、受污染的環境、社會中的禮數、並且與那些曾經用非常拘謹方式跟我互動的人成為朋友，但唯一沒有讓我感到習慣的，是東方與西方對於世界看法的不同。

西方的外交官與記者曾經不斷地告訴我：中國將會改變行事風格。當中國被漸漸融入在全球體系內之後，北京會成為全球秩序的守門人，並且在一個世代內，將數億人口從貧窮當中解放。當中國的中產階級壯大後，人們會開始渴望品質更好的空氣、更公正的法庭、而最終會渴望自由民主。中國將會變得像我們一樣，否則將會面臨失敗，但失敗不會是選項，中國會變得像我們一樣。最終我們會迎向全球和平與和諧，然而這個情境的難處只有一個：中國人。

雖然我見過的中國思想家與官員們各自都有著不同的想法，同時對一切能夠幫助他們國家邁向繁榮的想法、科技或者概念，都抱持著好奇並且搜集一切的心態。但大多數的人都想要從西方的思想當中被解放，而非盲目的跟從西方的想法。我在中國見過傑出的經濟學家、政治學家、哲學家、軍事策略家與科技學家，所有人都對於他們國家的未來抱持著遠大的想法。他們輕易的將西方的想法、北京的社會主義傳統與中國古老的智慧融合在一塊。我因為感到太驚艷，而花了數年與中國人相處、觀察他們的工作、寫了兩本關於這個可能挑戰西方世界的中國模式（Chinese model）的書。但在我第一次踏上中國領土的旅途當中，有一次的討論讓我印象非常深刻，而那是與聲望極高的清華大學教授閻學通之間的對談。

他是一位身型不太高大的男子、方正的頭型、吹整得稍微矗立的頭髮、戴著方框眼鏡。在人群當中，閻學通可能未必特別突出，但在風氣謹慎的中國學術圈裡頭，他並不害怕逆風而行。當中國試著保持低調並與美國維持友好關係時，他要求北京要表現得更果斷，並且對華盛頓和其他與臺灣或日本友好的國家祭出更強硬的措施。而當中國的領導者拿中國的不結盟運動（Non-alignment）與美國的「冷戰」機構，比如北大西洋公約組織（NATO）做對比時，他要求北京要發展與美相抗衡的同盟，以降低中國的國際孤立。當大多數的學者都在翻譯西方的文獻、拒絕接受中國模式的存在時，他發起了創辦「中國學校」教導國際關係的念頭。當中國試圖要將焦點轉移至本身的經濟體在國際上的重要性、同時降低中國在國際舞臺上的政治以及軍事聲量時，他舉辦了大型國際論壇來討論中國在國際安全政策上能夠扮演的角色，同時說服了當時還是副書記的習近平在論壇中發表首次大型的外交政策演說。❶ 當他稱本次的政治論壇為「國際和平論壇」時，我還記得當時心想著：從沒有聽過「和平」會被這麼有侵略性的說出口過！當我於二〇〇二年初次見到他時，閻學通就有著特別堅定的個性。我花了數日與歐洲外交官、中國官員們討論，從中瞭解中國對於歐洲抱持著什麼樣的期望。除了閻教授之外的所有人都平淡的討論著「雙贏」的經濟發展，以及面對國際議題時合作的可能性，而閻教授有一個更確切的要求，他用就事論事的口吻說：「當中國與美國開戰時，我們希望歐洲至少能保持中立。」

我仍清晰記得當時聽到這些話的驚訝感：「當」中國與美國開戰，而不是「若」。即便閻學通當時用了非常和緩的聲音說出這些話，這些話語還是像電流一樣通過我的身體。我在華盛頓跟布魯塞爾的朋友們，都曾經希望藉由將中國蓬勃發展的貿易跟供應鏈納入全球體系之後，戰爭會變得不理智。他們認為對中國開啟像世界貿易組織（World Trade Organization）這樣的國際組織的大門，能夠讓中國感到自己與現存的秩序休戚與共。同時，他們也希望網路會消蝕殘存的政治分歧。在千禧年的三月，美國總統比爾．克林頓（Bill Clinton）總結了當時盛行的想法：「北京的政權一直在嘗試著打壓網際網路。」他說：「祝他們好運！他們這樣的行為，就像想把果凍釘在牆上一樣。」

然而閻學通依然討論著中國與美國之間發動戰爭的可能性，甚至，就如大多數跟我談過的中國人一樣，他也還沒有放棄把果凍釘在牆上的意圖。閻教授喜歡用快速可以理解的方法闡述複雜的概念。在他的作品裡面，他用了中國所有小學生都會在學校裡學到的著名中國故事，來解釋中國如果試圖模仿西方會遇到的困境。這故事是東施效顰：關於兩個女人，一個絕世美人叫西施（西方的西）以及一個醜得出奇的女子叫東施（東方的東）。中國古代四大美女之一的西施，總會因為先天的心病而痛得蹙眉，當她蹙起眉頭的時候，她便變得比平常更加美麗動人。東施模仿著西施，用類似的方法蹙起眉頭，然而當她嘗試仿效美人的動作時，她卻反而變得更醜。這個故事的寓意是：不要盲目地模仿他人，對別人來說有效的方法，未必對你有相同效力。而閻教授引用的故事，與我從中國智庫、各個大學、以及政黨組織裡頭的經濟學者、政治學者、哲學家、以及與有執照的自由思想家們（free-thinkers）對談中所得的結果一致。

離初次見面相隔二十多年後，閻學通的話聽起來不再那麼不尋常，當美國與中國的關係愈加緊繃，討論衝突發生的可能，也比全球和平的論點更普及。而許多歐洲國家面臨的大哉問，也正是閻學通最初點出的：要與美國同盟，還是盡量保持中立。許多人害怕世界會再一次的崩塌，回到二十世紀的分裂狀態，而非二十一世紀初，人們所期望科技能夠帶來的和平。

有些人拿中國面臨的挑戰與一九一四或者一九三九年的德國相呼應，但最多人使用的比喻，是拿中國與冷戰時期的蘇聯作對照。然而我們面臨的並不是冷戰2.0，美國與中國之間沒有鐵幕分割彼此，兩國之間的情勢緊繃是他們之間連結的產物，而非分離所致。事實上，過去三十年間的大多數時間，北京跟華府維持著幾乎完美的共生關係。中國的儲蓄金資助了美國的消費；中國的製造工廠產出美國後工業化經濟（post-industrial economy）所設計、主導的產品；同時中國內向的外交政策也沒有對美國的國際主導權威造成任何根本上的傷害。美國當時是已開發國家的主導者，而中國是全球最大的開發中國家。其實，中國跟美國當時的關係密切到，甚至有分析師發明了一個複合的名字來描述這個現象：「中美共同體」（Chimerica）。[2] 這個現象並不僅限於中國輸出大量貨品至美國、或美國經濟體的某些重要領域，比如Apple手機、大豆仰賴中國而已[3]，這個經濟關係於二〇一九年已經市值五兆美元，這當中包括將近市值兩兆美元的中國公司在美國上市，還有中國官員們所握有的價值一點三兆美元的美國政府債券。[4] 中美共同體會存在，是因為在太平洋兩端的這兩個國家在治理哲學上完美的鏡像模仿，以至於他們開始互相依賴。

當然，美中在這個時期除了合作，也有競爭的產生。由於彼此的出發點不同，產生的任何矛盾都還能夠被處理。在亞洲，美國專心於維持自身在區域當中的軍事優勢，同時與同盟的國家擁有雙邊式的連結，一邊抑制非美國主導的經濟倡議（economic initiatives）。另一方面，中國藉由多邊區域一體化的連結來讓鄰國安心，同時用貿易協定的方式，讓鄰國能夠與中國的崛起休戚與共。當美國專心經營自己與先進民主體系國家、以及擁有豐富能源的中東國家之間的關係時，中國將自己的外交觸角伸往鄰近的國家，同時增加自己在被國際忽略的地區，如非洲、拉丁美洲的存在感。

但在二〇〇八年金融海嘯後，中美兩國彼此對於後冷戰的共識，以及北京與華府之間和平關係的前景開始被質疑。創造出這樣緊張情勢的最大動能，正是兩國之間權力平衡的轉變。當中國於二〇〇一年（藉著美國的援助）加入世界貿易組織（WTO）時，中國的經濟體只有美國的十分之一，而到了二〇一九年，中國的經濟體已經超過美國經濟體三分之二的大小了。[5] 中國經濟體上的成長，也改變了中美兩國與其他國家之間的關係。二〇〇一年，全球超過百分之八十的國家較常與美國進行貿易活動，然而到了二〇一八年，只有百分之三十的國家比較常與美國貿易，全球一百九十個國家中，就有一百二十八個國家與中國有著更頻繁的貿易活動。[6]

自伯羅奔尼撒戰爭（Peloponnesian Wars）後，戰略專家就對各國間因權力消長產生的緊繃情勢有所警惕。但中美之間的情勢緊繃，似乎是因他們在愈演愈烈的競爭當中，相互模仿而被突顯。在砲火最猛烈的競賽戰場，科技產業最能看出因越發相像而競爭越迫切的情形。雖然中美之間很可能因臺灣或南海諸島發動戰爭，但如今非和平的紛爭，已與閻學通預想的世紀交戰不同。戰爭的前線不只出現在陸地、空中、海域裡，也同樣的出現在我們連結世界的基礎建設中。

數位連結的蓬勃發展，原是柯林頓視為打開世界和諧大門的鑰匙，如今卻轉變為美中緊繃情勢的最大要因。連結非但沒有讓地緣政治中的競爭變得理智，反而使競爭變得無可避免。那些曾經應許人類和平的科技，反而增加了彼此產生紛爭的機會。科技除了開啟新的戰場，也供給了人們更多厭惡與害怕彼此的理由。而想要找出這一切的成因，你只需要離開我在中國首次見到閻學通的辦公室，相隔幾個街區就能找到。

商湯科技與 Facebook——中國從模仿到造成威脅的新創科技

在清華大學不斷擴展的校區外緣，有座外觀明亮的清華科技園。拔地超過一百公尺的四座高聳建築，環繞出一塊四方型的廣場，兩座公牛銅像設置於中央。這是被稱為創新廣場的地點，是中國年輕人出遊、喝咖啡、社交的場所。前次造訪，還有一群青少女在大樓的陰影下練舞。

商湯科技的北京辦公室設點於科技園的B棟，當我抵達接待檯，招呼我的是該公司領先全球的人臉辨識系統示範機。螢幕偵測到我的臉，形容出我的性別、年紀、服裝，以及我長得好看與否、是否快樂、以及容易受哪一種行銷資訊影響。我受寵若驚的被辨識為三十四歲（我當時四十四歲），我容貌的魅力指數是九十三點，快樂程度百分之九十一。這臺機器說我是整棟大樓裡第二有魅力的人（我從來沒有找到最有魅力的那個人），然後我對導演克里斯多夫．諾蘭（Christopher Nolan）情有獨鍾。以各個角度來說，這個結果一點也不正確，但令人印象深刻的是：它是如此堅定的給出這些答案（但只要想到這些完全不正確的工具，被實際用以評斷他人，就令人感到不安）。這臺機器是中國利用大數據跟演算法來創造消費者模組跟國民樣版的象徵，就跟西方使用大數據跟演算法的模式一樣。

雖然清華科技園的規模還無法與帕羅奧圖（Palo Alto）或者深圳相比，那裡的廁所破舊，員工全都擠在過小的開放辦公室、或沒有窗戶的小隔間中。但跟矽谷一樣，空氣中蔓延著創意跟野心。帶我四處參觀的金俊，跟那邊許多的高階主管一樣，她是從微軟（Microsoft）被挖角。商湯科技的創辦人將公司從學術機構轉型成商業公司，任命她為公司的行銷長。她的任務是為公司找尋新的市場定位，將新創公司擴展為全球科技業巨頭，在她加入商湯科技的一年後，公司的員工人數從七百人成長到一千七百人。創辦人藉由三輪投資，募到了超過二十億的資金，讓公司的市值衝到將近八十億，成為全球最值錢的人工智慧公司。公司的擁護者包括了中國的阿里巴巴，新加坡的淡馬錫控股（Temasek），英國的富達國際（Fidelity International），美國的晶片製造商高通（Qualcomm）。[7] 金俊告訴我，公司裡充斥著前微軟的員工，除了她自己之外，董事總經理、總工程師也都是。跟微軟一樣，商湯科技找到方法將學術發展與商務融合在一起。公司創辦人多數都有著博士學位。「當我加入商湯科技的時候，」金俊說：「我的親朋好友沒有人實際理解我在做什麼，但接著兩件大事發生了：首先 DeepMind 的 Alpha Go 擊敗了世界圍棋冠軍，隨後習近平發表了『新一代人工智能』策略，宣布發展人工智慧是國家級的要務，在那之後我們的資金就開始湧入。」

當Alpha Go在二〇一六年擊敗世界圍棋冠軍李世乭（Lee Sedol）時，並沒有在西方引起太大的波瀾，但這項發展引起了中國人的關注。將近三億中國人觀看這五場棋賽，目睹了人工智慧超越人腦的那一刻。李世乭在圍棋界的地位，就如同網球界的費德勒（Roger Federer），或是足球界的梅西（Lionel Messi）一樣。但在從第一局到第五局的過程中，他漸漸的發現自己在謀略上、思考模式上被演算法超越，最終被擊敗。從北京的角度來看，讓這件事更值得感到羞恥的是：這臺精通了中國人於兩千五百年前發明的古老遊戲的電腦，是英國製。AlphaGo，這個利用它的腦袋改變了自然法則的演算法，是人工智慧新創公司DeepMind被Google收購前就已發展。

這個時刻，被亞裔投資者李開復稱為中國的「史普尼克時刻（Sputnik moment）」。一九五七年的十月，當蘇聯成功發射了第一個人造衛星*時，激起了華盛頓最深層的焦慮。當時的美國人因為這個事件而深受打擊，以致他們開始對數學與科學的教育跟研究投資了幾十億美元，直至他們將人類送往月球、達成數個科技成就：從超音速火箭到導彈護盾，才肯罷休。而這個發展科技的狂歡派對，有一個副產品：就是網路。被一個鮮為人知，由美國國防部（Department of Defence）資助的研究機構：國防高等研究計劃署（DARPA）所研發出來。換句話說，史普尼克不僅開啟了太空競賽，他更激起了數十年的革新。矛盾的是，回望過程中的最終受益者，並不是開啟競賽的蘇聯，而是最後迎頭追上的美國。

李開復預測，人工智慧的發展競賽也有可能遵循類似的路徑：雖然是西方的演算法首先打敗了圍棋世界冠軍，但最終成為贏家的很可能會是中國。中國面臨它的史普尼克時刻後，確實是將目標放得很遠。當習近平在二〇一七年發布金俊先前提到的白皮書時，他號召中國在二〇二〇年進入發展人工智慧的第一階段，而在二〇三〇年領先全球。在中國，當皇帝（或者共產黨的總書記）發表了類似的國家目標時，這個舉止足以震盪整個系統，並反映在各個省份、自治區、城市、鄉、鎮、以及所有大公司跟銀行中的黨委書記所做出的所有決策跟優先事項。除了習近平

★譯註：史普尼克一號。

從國家預算中撥出的幾十億預算之外，這個計畫也打開了許多門路，讓中國內的各個層級、私人部門的資源湧入整個國家體系。同時，中國的科技絲路也保證中國的人工智慧產品在國際中能夠有自己的市場。國家級的計畫也將國家監控之下所產生的大量數據，開放給中國研究員與各個公司。當大多西方國家內的公司只能依據一千三百萬張臉孔進行研究，商湯科技聲稱他們的演算法是經過二十億餘張臉孔的訓練所設計出來的。[8]

習近平也藉由稅務減免與其他獎勵，讓政府招募中國研究員回到母國。二〇一四年，清華大學是中國唯一在名列全球前十五名的大學中，有研究員於重大人工智慧論壇上發表文章的大學。到了二〇一八年，雖然全球最具影響力的研究員排名裡，中國還是落後於美國，但已經有四間中國研究機構名列全球前十五大，而清華大學也在世界排名中取得第二的排名，領先矽谷的史丹佛大學（Stanford University）。[9]或許中國人工智慧發展成功的關鍵是商業生態系統。二〇二〇年，在客戶量與週轉量上，中國眾多私人科技業公司，都已發展出能與美國相抗衡的產業巨頭（阿里巴巴、騰訊、百度、華為、小米）。能達到這樣的成果，私人機構、公家單位的巨型投資人跟資本家都有所功勞。最讓人驚訝的或許是新創公司發展出領先全球的科技，能夠在國際上找到市場。而這種新創公司當中，最佳的範例就是商湯科技。

打著「讓AI引領人類進步」的口號，商湯科技承諾將會「重新定義我們已知的生活」。[10] 而這一切的源頭，是在二〇一四年香港大學的多媒體實驗室中，一個相較來說更低調的學術計畫：當時湯曉鷗博士與十一個學生發展出高達百分之九十八點五二準確度的人臉辨識演算法。他們的成果比全球其他的演算法技術都還成功，事實上，這項技術也是第一個更依賴人眼的人臉辨識法。湯博士至今還是被這項成就的光環圍繞著，他的研究團隊不只締造了歷史，更重要的是，他們還比美國早一步達成。他在自己取得博士學位的學校，麻省理工學院（Massachusetts Institute of Technology）的演講中提到：「我們搶先Facebook達到這項成就。」[11] 一年後，它的研究團隊分支出了一個商業團隊：商湯科技，而徐立，十一位學生的其中一員，被任命為CEO。

雖然商湯科技還沒有進入百姓的家中，但所有中國消費者都會在日常生活中無數次的看到他們的產品。在Covid-19疫情中，商湯科技開發了一個系統，設置在地鐵站跟公共場所中，從遠方掃描乘客，偵測人們有無發燒，並同時與身分資訊資料庫的內容交叉比對。[12]他們的技術讓人們能夠透過人臉辨識解鎖智慧型手機、購買地鐵車票、開通銀行帳戶、通過信用查核與完成其他事務。商湯科技將軟體技術提供給美圖、微博等app，小米、歐珀等手機製造廠，讓他們能夠增進照片歸類與編輯的功能；[13]藉由與P2P網路借貸（Peer-to-peer lending）公司合作，幫助公司在網路上鎖定潛在客戶；協助大學紀錄學生出缺席情形；而更有趣的是，商湯科技減少了北京天壇的公共廁所衛生紙用量（透過人臉辨識來限制每個人在九分鐘內只能使用六十公分長度的衛生紙）。商湯科技也已經與中國一百二十七個城市簽約，致力於協助不管是交通還是人流控管的各種大小事。[14]

商湯科技的目標不只是為了改變中國人的生活，他們還抱有著改變全球的野心。商湯科技宣佈在阿布達比設立研發中心的計畫，也在美國創立智慧醫療實驗室，以利用科技診斷癌症，更在日本跟本田汽車設立自動駕駛測試中心，同時也資助馬來西亞十億，以建造人工智慧產業園，發展能夠處理圖像、演說、不同語言的機器人。更有甚者，當商湯科技與各個網路巨頭，如百度、阿里巴巴、騰訊，一同名列中國人工智能國家隊時，也取得了政府的官方認可。[15] 從二〇一五年開始，商湯科技的研究團隊在國際的各大主要人工智慧論壇上所發表的新研究數量，已經超越了 Google 與 Facebook。[16] 商湯科技名字當中的第一個字，取自於中國的第一個朝代「商朝」，以及第一任皇帝「湯」。公司創辦人湯曉鷗解釋：「那是一個中國領先全世界的時代，而隨著這項科技革新，中國能夠再一次領導全球。」[17] 許多西方人擔心，他的想法可能是正確的。Google 的前董事艾立克．史密特（Eric Schmidt）就曾經警告說：「中國會在二〇二五年追上我們，而會在二〇三〇年主宰這個產業。」[18] 現在看來我們正朝這個未來前進。

在某些層面上，商湯科技成功示範了世紀之初，柯林頓等開放全球主義者的夢想：中國會擁抱新科技，同時中國的資本主義中產階級會增長，而後，中國會成為一個與全球連接的國家。今天，中國的網路用戶數量已經超越美國，中國的中產階級人口也已經超越了美國的總人口數，中國也領先了西方一步，成為第一個全面不使用現金的國家。中國的網路也透過如微信，微博等平臺，提供了中國市民能夠熱鬧的聚集跟辯論的公共平臺（雖然還是有審查制度過濾被政府視為敏感話題的內容）。而中國的中產階級也更加與世界接軌：二〇一七年，從中國出國的觀光客旅次數約一點三億，這個數字在Covid-19疫情爆發之前，還是持續的成長，在二〇一八年，也有超過六十五萬的中國學生在國外進修。[19]

然而即便中國科技擁有如此發展，卻也未依循科技烏托邦主義者的劇本走。烏托邦主義者原本希望中國共產黨會因為網路的興盛而被棄之不顧，但中國共產黨反而利用網際網路強化自己的掌控能力，現在還打算要改變網際網路。中國的審查制度在克林頓任職美國總統的一九九〇年代中，以試探的方式開始執行。在本世紀之初，中國政府開始利用現在被稱「防火長城」（Great Firewall）的方式限制中國人接觸外國公司，審查制度開始加速前行。即便上百萬的中國人民能夠在希爾頓飯店、凱悅集團飯店過夜，在早晨享用星巴克的咖啡、大啖肯德基或麥當勞、穿著Nike的服飾、喝著可樂，他們還是沒辦法使用Google、Amazon、Facebook或Twitter。

從十九世紀開始，中國與西方科技之間一直維持著矛盾關係：中國人同時認知到中國需要科技發展，卻同時害怕這樣的發展會改變中國本身的價值，同時也決心要避免再一次面臨到前一個世紀中，英國與法國所帶來的脅迫與羞辱情形。在網際網路發展初期，中國政府試圖藉由允許微軟或者 Google，在依循中國的審查法律以及允許中國取用國內用戶資訊的條件下進入中國，希望藉此找到權宜之計。但在一陣忽冷忽熱、欲擒故縱的手段之後，中國最終決定將矽谷的平臺屏除在中國的網路之外。這讓各個新創公司開始開發能夠替代美國平臺，又同時能夠符合中國共產黨控制的中國平臺。如此一來，中國政府便有能力要求所有的伺服器都得駐點在北京，同時也能確保公司主管們會順從於中國共產黨的限制。這麼做的結果就是百度成為 Google 搜尋引擎的雙胞胎；網路商行阿里巴巴替代了 Amazon 跟 eBay；微信成為了 WhatsApp 的替代品；微博成為了另一個 Twitter；而滴滴出行取代了 Uber。這些公司並非只是完全的複製品，也是為了服務中國的政治控制與經濟體系所衍生出的服務。

在微博或微信等平臺中，這樣半控制的公眾場域，讓民眾湧入發起辯論以及開始追究責任，然而北京的掌權者卻一點也不感到威脅，因為他們可以隨時雇用千百個網路審查者，刪除可能衍伸政治問題的內容。而這些從網路社群媒體中蒐集來的資料，也能夠使他們注意到任何不滿的源頭，並且處理之。而在網路上，就連地方政府貪腐的揭露也被視為是有用的，因為中央政權就能藉此將人們對政府的不滿，四兩撥千斤地集結到「害群之馬」身上，而非讓人民質疑整個政治體系。最後，也因為伺服器駐點於北京的緣故，中央可以隨時找到網路上「作亂多端」的人，並且逮捕或囚禁他們。

然而在二〇一一年，當一個位於突尼西亞二線都市的示威者自焚，引發中東人民在 Facebook 與 Twitter 上的示威浪潮時，中國共產黨開始對於社群網站的存在感到更焦慮。當習近平在二〇一二年上任總書記後，便指派了一個新的要員，負責將中國的網路變得對一黨制來說更安全。魯煒，這位獨具個人魅力的中央網絡安全與信息化委員會主任，中國執政者任命他，拆解網路上被認為可能散播革命思想的三個因素：匿名性（Anonymity）、擴散性（Virality）、以及免責性（Impunity）。[20] 首先他立法要求中國人民，在網路上必須使用真實姓名與電話註冊，讓當局者能輕易的找到貼文的發布者。接著，他擴張了審查制度，並同時將工作外包給私人公司執行，以確保政治敏感內容不具有散播的可能性。與其建立起繁雜的官僚系統，政府將責任下放到首要私人網路平臺手中，要求他們依照政府的規章審查自己平臺的內容，因此所有中國網路巨頭都雇用千百個審查人員來監督他們的網站。我記得當時有位在百度工作的朋友跟我解釋，他們透過市場調查來了解用戶比較喜歡何種審查方式，以增進用戶體驗。他們發現比起在發布貼文之前被阻止，用戶更喜歡能夠發表貼文，即便那篇貼文隨即被刪除下架。最後魯煒試圖增加潛在麻煩人物在網路上發文的風險。二〇一三年，當局發布了反對「網路謠言」的政宣，導致許多有名的部落客被逮捕，並在國家電視臺上被公開羞辱。截至二〇一五年，中國警方已經逮補了超過一萬五千位所謂的「網路罪犯」，他們被逮捕的原因範圍涵蓋了所有被共產黨視為沒有幫助的內容。

如果說第一波中國網路浪潮著重於複製西方公司的成功範本、同時保護國內市場，下一個階段則更重於革新而非模仿。許多中國公司已經做好準備，將觸角伸向全球，並將自由與開放帶離我們的生活中。

商湯科技的總部，是最能見微知著的地方。放著虛擬實境遊戲與美容濾鏡軟體的展示櫃旁，商湯科技展示了北京新型的監控情況。模組之一顯示了閉路式監視器如何拍攝路上車輛跟行人，演算法將鏡頭特寫在個人或團體的行為上，以監測任何可疑的活動，這項科技既引人入勝，又同時讓人非常不安。另一家與商湯科技競爭的公司，展示了更具戲劇效果的商品，他們播放了二〇一三年波士頓馬拉松爆炸案的畫面，宣稱若美國當時使用他們公司的演算法，便能在爆炸案發生前發現恐怖份子，且有充分的時間將他們繩之以法。這顯現了「預防犯罪」（Pre-crime prevention）已不只是史蒂芬·史匹柏的科幻電影情節，而是中國境內日常生活的一部份。

有人推估，中國國內可能有高達六億個監控攝影機，Covid-19 疫情期間加裝了更多攝影機。商湯科技正建立五個超級電腦來處理他們自己開發的 Viper 系統裡的監控畫面（他們的目標是確保系統能同時分析十萬臺以上攝影機的資料）。[21]

如商湯科技一般的新創公司所開發的監控科技，已在新疆穆斯林主要居住區測試，因北京政權擔心此區域會成為伊斯蘭教的極端主義（Extremism）與分裂主義（Secessionism）的溫床。充斥各地的攝影機掃描著人口，而演算法也被訓練到能夠從一千一百萬人口中分辨誰是穆斯林，誰不是伊斯蘭教徒。根據《紐約時報》的報導指出，商湯科技這項技術已創造出監控網絡，同時利用人工智慧進行種族歸納（Racial profiling），[22]被用來儲存與分析人口的基因資訊、車牌號碼、社群媒體活動、宗教活動、交友圈和遷徙活動。[23]最近外洩的資料顯示出，中國警察依人民有無親友在國外、是否穿著伊斯蘭傳統服飾，或有否對政府申請請願等類別，生成一份「不可信賴」人口名單。[24]各地區、城市、以及路上各警察哨口，以這份名單被用以當作警察選擇阻攔、盤查、質問人選的依據。

藉由一連串如「嚴厲打擊暴力恐怖活動」的專項行動之名，作暴力鎮壓之實，中國政府已經圍捕且拘留超過百萬的市民於拘留營中，對他們進行思想灌輸、強迫勞動、甚至是絕育等行徑。[25]面對著國際輿論，北京試圖稱這些拘留營為「職業技能教育培訓中心」，但譴責隨機種族清洗的非營利組織，如人權觀察（Human Rights Watch）或聯合國人權理事會（United Nations Human Rights Council）等，並沒有被這樣的說詞說服。而在中國直接訂定的新規定之下，這些攝影機科技也在香港被使用，這也是為什麼香港的示威者需要穿戴黑色口罩的原因。

另一個監控科技的試驗場在山東省的榮成市：於二〇一五年，所謂的「社會信用制度」首次實行。[26]「信用分數」試圖搜集所有關於中國居民的數據，並且藉由分數來評斷人民為好、壞居民。以此所有的居民都有最高可達九百分的評分。如果有人在紅燈時橫越馬路，那個人會失去二十分，同時大螢幕牆會投放他的臉。人民如果有其他的不當行為，也都會被扣分，比如：在社會中活躍的保護勞權、徵求群體議價、或與已知的「麻煩製造者」當朋友。這項科技最終的目標，是利用人工智慧以及大數據，在反政府行為、紛爭以及罪犯發生之前就偵測到他們的存在。

中美之間的連結，已為中國帶來許多不確定性與害怕感受，他們擔心國家體系因連結而面臨挑戰與勒索。而這也是為何人們總討論中美之間經濟的「脫鉤」（Decoupling）。但在網路世界裡，這種脫鉤已在中國把西方網路平臺阻隔在外、建立一個平行網路世界時就發生了。導致原應把世界連結在一起的網際網路自我巴爾幹化⋆。許多科技領域的領導者，如Google前董事艾立克．史密特，就曾表示中國推動權威式科技的同時，我們已被引領到「分裂網」（Splinternet）的時代。他說，網際網路世界正在慢慢的一分為二，正如冷戰時期的世界一樣。兩個世界的對比從自由世界與蘇聯世界，現在是中國的網路世界對比開放網路。對商湯科技來說，這樣的分裂已經在二〇一九年的十月，當美國商務部（Department of Commerce）因為新疆的維吾爾族人，及其他穆斯林少數民族所受到的人權侵害，而將他們列為黑名單時，就已經成為了事實。[27]即便商湯科技可能有想要拓展至全球的野心，他們現在再也無法與麻省理工學院（創辦人獲得博士學位的母校）合作，也不能與微軟（許多公司要員的事業起點）共事。雖然以長遠來說，這樣的脫鉤可能會讓兩國之間的緊張情緒和緩一些，但脫鉤被實行的手段讓兩國都感到更加不安，也增加了兩國之間步入冷戰的風險。

Facebook 的 CEO 馬克·祖克柏（Mark Zuckerberg），於二〇一九年在喬治城大學（Georgetown University）的演講，或許是對於中國網際網路最適切的形容之一。當時他在一個鑲滿橡木的禮堂中，穿著他的招牌黑色上衣，走向宏雄偉的木製講臺，他從驅動 **Facebook** 的兩項遠大壯志開始講起：連結世界，以及給予人們發言權。他說，北京，是這兩項壯志的最大威脅。「中國在建造自己網際網路的過程中，所在乎的價值觀與我們非常不同，」他疾呼：「中國正把中國版本的網際網路外銷到其他國家」。他感嘆道，十年前幾乎所有的大型網際網路平臺都是美國的，

★譯註：**balkanizing**，政治學術語。指國家或地區分裂成較小國家或地區的過程，彼此關係緊張甚至處於敵對狀態。

而如今全球前十大平臺中，就有六個是中國的平臺。「這是我們想要的網際網路嗎？」他問。

祖克柏的演講之所以特別令人注目，是因為他比任何美國科技領袖都更認真的嘗試，希望中國政治領袖對他刮目相看。二〇一四年祖克柏為中國審查制度的門面魯煒，安排了一個私人的中文Facebook總部導覽，他甚至讓魯煒坐在自己桌前，而桌子上就放著一本習近平的言講選集。「這本書是我買給我同事的。」祖克柏說：「我想要他們了解帶有中國特色的社會主義」。二〇一五年祖克柏在白宮見到習近平總書記，他再次炫耀自己的中文能力，並詢問中國共產黨領導人是否願意，為他當時還未出世的小孩取一個中文名字？（習近平以責任太重大為由，當場婉拒了）。同年稍晚，祖克柏又再一次嘗試討好中方。他拜訪了閻學通的母校清華大學，並發表了二十分鐘的中文演說。

為什麼祖克柏的態度有如此大的轉變？是認知到打入中國市場的企圖永遠無法成功嗎？還是因美國漸漸對中國產生厭惡，而選擇討好美國的政治階層呢？或其實是想將中國呈現為巨大威脅，意圖把Facebook的各種監控，以及因數據恣意使用行為所致的批評，四兩撥千斤的轉移掉呢？不論原因為何，有趣的是；即使祖克柏轉變了他對於中國網際網路道德標準的公眾態度，他的許多同事還是私下嘗試模仿中國網際網路巨頭，如：微信、抖音（Tiktok）所採取的商業模式。[28] 從許多方面來說，西方世界正變得更中國化（我們稍後會更詳細探討）。對我來說，在我拜訪 Facebook 的帕羅奧圖總公司時，我才第一次瞭解到中美雙方，在使用資料方式的各個面向趨於一致。我理解到為什麼人們對於中國的「監控政府」（Surveillance state）時所感到的恐懼，很像面對美國的「監控資本主義」（Surveillance Capitalism）時所出現的感受。這是個詭異循環，當初我們認為網際網路會將我們聚集在一起，中國則因為擔心網際網路會改變他們，而開始策略性的對網際網路脫鉤。但現在中國的公司是如此的成功，反而是西方的公司開始模仿中國的商業模式。這個趨於一致的現象，正在增加紛爭產生的機會。

我在二〇一七年第一次拜訪 Facebook 園區。當時所有員工都還對自己身為烏托邦社群的一員而感到驕傲。他們帶我經過餐廳、果汁吧、腳踏車行、木刻印刷店、販售蘋果產品的機器、自助洗衣室跟瑜伽教室。這個園區是個消費者的天堂，但所有的商店都有個相同點：他們不收

Facebook 員工的錢，所有的商品都是免費的！我不禁想：在這裡，商品的流通是從有能力的人身上流動到有需要的人身上。

我的嚮導帶我到其中一棟辦公大樓的頂樓空中花園。在那裡，蜂鳥在花草樹木中姿意飛舞。夏日這裡會安排免費的演唱會，每個禮拜五，這裡也會舉辦員工會議，Facebook 的領導階層也都會一起參與。我的嚮導又向我展示由法蘭克·蓋瑞（Frank Gehry）設計，全世界最大開放辦公室。這個辦公室實踐了 Facebook 對公開透明的承諾，甚至還有一個「動態」（Newsfeed）牆。他告訴我這裡的所有員工都有「加入臉書紀念日」（Faciversaries），以及當他們加入團隊時，也都必須要經歷訓練營與培訓課程。很顯然的，公司裡最重要的規訓是：「別當個混帳」。我被團隊的豐饒以及平等主義者（Egalitarian）的精神所驚艷。當我花愈多時間在 Facebook 總部，我開始思考這一切讓我想起的是什麼，最終我的發現讓我非常的驚訝。在門洛公園（Menlo Park）的 Facebook 總部文化，讓我想到我讀過的歷史中，毛澤東時期的共產黨所宣稱的目標。寫在牆上的標語；要將玩樂與工作融合的決心；崇高理想主義；對於年輕人的吸引力；以及希望將人社會化成因為更大的使命而活著的意圖。這些都與許多共產黨創辦人們當時的理想互相呼應。然而奇怪的是，我在北京遇見的創業人士，居然比身處烏托邦一般的 Facebook 總部的社會主義者，還更像不擇手段的資本主義者。

二〇一九年，當我在 Covid-19 疫情爆發前不久，再次回到 Facebook 總部時，公司的氛圍似乎更悄然一些。Facebook 的員工不但沒有藉由自身的行為來對別人說教，反而因為自己的言行舉止而被攻擊。從劍橋分析（Cambridge Analytica）到假新聞；從煽動羅興亞人危機（Genocide of the Rohingya）的謠言，到浪漫化自殺等指控，Facebook 發現自己深陷於新聞危機當中。這些指控來得又急又快，包括了：壟斷市場；藉由挑選並排列訊息的演算法來操控事實；對於隱私的不尊重；藉由情緒、種族、性來歸納用戶；干擾選舉以及逃稅……等等。而這些指控背後，其實都在控訴公司將利益放在第一順位。Facebook 儼然已經從一個想要連結全世界的社群媒體網站，變成一個藉由使用者的注意力來獲取最大利益的廣告巨獸。

肖莎娜．祖博夫（Shoshana Zuboff）關於「監控資本主義」的開創性著作，破除網際網路正在散播自由的假象。「被連結在一起，」她說：

「在本質上是親社會（Pro-social）的、擁有包容天性的、或自然而然會導向知識民主化(Democratization of knowledge)的。」[29] 接著她提出馬克思（Marx）稱資本主義是以勞工維生的吸血鬼的想法，而在網路的年代裡，資本主義所吸的血並非勞工，而是人們在網路上的經驗本身。像 Google 或 Facebook 等公司，已經找到方法利用我們的搜尋歷史、按讚與分享、私人訊息、甚至是我們的網路足跡，去計算出如何捕獲我們的注意力，並拿這些資訊與他們的客戶交易，使他們的客戶得到撥弄或操控我們行為的機會。

Facebook 強而有力且專門找尋注意力的演算法，被指控藉由重塑現實與剝奪人們在知情情況下做出自主決定的機會，以摧毀人們的自由意志。因為這些抨擊，Facebook 宣佈重整，祖克柏同意提供證據給立法機構，同時耐心的回答立法委員以及歐盟議會（European Parliament）的提問（雖然他拒絕現身英國境內）。Facebook 徵召了英國前副首相，尼克・克萊格（Nick Clegg）治理他們的公共政策。他們從反對政策的限制，轉而要求民意代表建立起相關的準則，讓其他科技平臺能夠一起跟進。最終，很詭譎的，他們採用了中國公司用來讓當局安心的同樣的技巧：雇用三萬五千名「保全人員」來掌控他們的網站。Fecebook 大約花了等同於他們二〇一二年剛上市時的所有週轉金，來刪除假帳號與惡意的貼文。[30]

除此之外，我的中國朋友們也樂於點出，在中國發展新疆的監控科技之前，西方的情報機構也藉由汲取大數據來對抗他們自己的「全球反恐戰爭」。吹哨人愛德華．史諾登（Edward Snowden）在將近十年前的揭發中，展示了監控政府以及監控資本主義是如何能夠藉著互相合作來侵蝕個人自由。[31] 他外洩二〇一三年的資料，證實了美國國家安全局（National Security Agency）的全球監視設備，暗地裡進入 Yahoo 與 Google 的資料中心，取得全球成千上萬的帳戶資訊。[32] 史諾登說，當他在美國國家安全局工作時，「我，坐在我的桌子前，只要我有那個人的個人電子信箱，就能夠竊聽任何人，不管是你、你的會計師、美國聯邦法官，甚至是總統」。[33] 其中一個被洩露的簡報上，展示了美國國家安全局立下的目標：「全面搜集」（Collect it All）、「全面處理」（Process it All）「全面利用」（Exploit it All）「全面合作」（Partner it All）「全面覺察」（Sniff it All）「全面知情」（Know it All）。[34] 而更近期，美國公民自由聯盟（American Civil Liberties Union）也警告有一波「土地霸佔潮」（land rush）正在發生，使得使用者在他們知情之前，個人資料就被各公司、政府以侵犯隱私的新科技奪走、利用。而在我們所生活的民主政治體系之下，這一切都在取得我們同意之前就已經發生。[35]

雖說如此，把美國的監控資本主義跟中國的國家監控劃上等號，是過於荒謬的延伸。雖然兩者都使用了同樣的科技，但私人企業缺乏規範的使用個人資料（而在史諾登洩露之後，政府也愈來愈難取得這些資料了），跟掌權政府沒有限度的監控，還是兩個截然不同的問題。在可見的未來裡，美國活躍的民主體系跟中華人民共和國的科技獨裁之間，還是會有著很大的不同。

將兩個截然不同的政治體系緊密的連結在同一個經濟體系裡，無庸置疑地製造了很多緊張情勢，但最令人驚訝的是，最大的衝突卻往往源自相對的原因——中美之間越來越相像。

模仿與競爭——相似是衝突的主要起因之一

最能意識到全球化危險的人，是我們過度連結世界的建築師之一，彼得·泰爾，這或許完全不是巧合。泰爾當時參與了全球付款系統 PayPal 的發展、因為創立 Palantir 這家公司而引領了大數據發展、藉由協助創立 Facebook 與 LinkIn 而改變了人們的生活，而現在他也是這兩間公司的董事。我二〇一七年在英國第一次遇見他時，是在一個我受邀參與的政治與科技領導者的社交活動中，而他在這場活動當中主持「西方的未來」。我去他的家鄉加州，拜訪他時也繼續討論著全球化的議題。

泰爾是個不斷質疑自己思想的挑戰者，他在二〇一六年美國總統大選時，因為支持川普，而跌破了身邊許多人的眼鏡。從還在史丹佛大學攻讀學士，因為上了法國哲學家勒內·吉拉爾（René Girard）的課之後，對**模仿**當中固有的危險產生興趣，至今也是他最執著的事。

吉拉爾將模仿的研究轉化成一門藝術。他被稱為「嫉妒心的預言家」(Prophet of envy)，認為人類能夠模仿彼此的能力，是將我們與動物區分開來的最大特點。模仿，他論說：允許我們學習、發展語言、宗教、創造我們身分認同以及文化。更重要的是，對吉拉爾來說，模仿解釋了我們的慾望。他反對認為慾望源自於靈魂深處、自我「內在」的產物、主觀偏見等浪漫的想法。相反的，他論述：我們的慾望是「擬態的」

（Mimetic），意即我們的慾望從別人身上而來，不論有意或無意識的模仿而來。對吉拉爾來說，當模仿對方的慾望到一個地步時，慾望指涉的「對象」時常已不再那麼重要，甚至在某些情況下，跟因為模仿慾望而產生的競爭相較起來，慾望指涉的對相還有可能是多餘的。

吉拉爾解釋道，當對手為了任何慾望的指涉而互相競爭時，雙方會開始變得更在意對方。為了得到他們都想要的事務，雙方會開始鏡像模仿。然而諷刺的是，當這個對立狀態越來越激化，鏡像模仿便開始銷蝕本來區分它們兩者的個別特徵，最終，這兩個對立者變成彼此的「複製人」。

吉拉爾的最大洞察是：在人類關係中的競爭，不論是人與人之間或是國與國之間，常常源自於「相同性」，而非「差異性」。模仿，他表示，最終把人們的差異消磨掉，導致相似的人們開始渴望同樣的事務。因此，國家與鄰國之間的紛爭，也常源自於彼此的共通點，而非區隔出彼此的不同之處。他們為了要證明自己跟那個與自身相像到嚇人的敵人不一樣，而走向戰爭。[36]

在二〇一八年，彼得・泰爾同意在他的母校史丹佛大學共同指導一門課：「國家主權與全球化、科技的限制」（Sovereignty and the limits of globalization and technology）。[37] 每週二的下午三點到五點五十分，泰爾會與羅素·伯曼（Russell Berman）教授共同指導他們精心挑選出來的學生們。「當代的歷史重大時刻，似乎是因為與全球化背道而馳而起。」他們在課綱裡面寫道「這個新樣態，被視為我們與先前國際制度以及全球公民的典型範例的分歧點。」這個課綱裡涵蓋了一系列令人驚豔的選書：從《創世紀》（*Book of Genesis*）、《哈姆雷特》（*Hamlet*）到新保守主義（Neo-conservative）的鼻祖列奧·施特勞斯（Leo Strauss）、以及前中國人名解放軍軍官，劉明福，描寫關於取代美國的著作《中國夢》。而這些書目漸漸地將整個課程導向它的主要項目：勒內·吉拉爾，泰爾的學術英雄。當他們在課堂中討論吉拉爾的著作時，泰爾指出中國跟美國正逐漸變成彼此的「模仿複製人」（mimetic doubles）。當他們愈使勁的與對方競爭，爭相想成為世界第一強權，同時為了達到這個目標而模仿對方的強項時，不可避免的，他們會愈來愈相像，而他們對彼此的反感則會逐日增加。[38]

心理學家西格蒙德·佛洛伊德（Sigmund Freud）指出，在彼此愈來愈相像的過程當中，人們會出現找出相異點的心理需求，他稱之為「微小差異的自戀」（Narcissism of small differences）。[39] 當然，國家政府並非有獨立心理的人類個體，但畢竟是人在掌管政府，而政府底下的公民們，也同時擁有這種心理特徵。而當外交政策與國內政策的區別慢慢消融時，這個心理因素所造成的影響也愈來愈巨大。在彼此之間還沒有這麼多交集時看似非常有趣的文化特徵，在兩者互相緊緊聯繫在一起時，很有可能就會變成影響存亡的威脅。如果將尺度縮小至人與人之間的話，就能夠發現，有很多好友在成為室友之後就決裂了。在這個將兩個人的生活綁在一塊的過程中，他們之間不同的偏好、生活習慣、跟價值觀便全攤在光天化日之下。在中國與美國互相趨同的過程中，西方的融合政策不僅沒有將北京轉變為預期當中的樣子，反而惡化了兩者在某些領域的相異之處。

連結與安全之間的困境

兩個強權相互模仿與競爭的過程，可能會有致命的風險。「安全困境」（Security dilemma）一直是資訊安全政策專家討論的主題之一，它代表著政府為了要提升自己抵禦外患的能力而增加自己的國防能力，然而這樣的行為同時也間接的讓其他政府建立起自己的防禦能力，進而造成原先的政府產生更大的不安全感，引發一連串不安全感與軍備的惡性循環。而先前所提到的鏡像模仿，也顯示了在今天，安全困境不只出現在武器軍備上，也同時出現在科技中。[40]

美國政府憂心於來自中國的「經濟侵略」，害怕自己的科技優勢會因為工業間諜或者被迫技術轉移而喪失。他們擔憂在受到政府補助的中國公司面前，美國公司會變得毫無競爭力，也畏懼歧視性的規範會將他們排除在中國市場之外，他們更懼怕美國開放的社會對網路攻擊、假新聞、間諜與政治干擾毫無防禦力。

美國的防禦手段，關稅、限制對內投資（Inward investment）、禁止對特定中國公司販售科技商品、還有告發中國公民與間諜機構，都是間接的在戳中國的痛處。許多中國的官員與評論員並不認為這些作為是防禦性舉動，而是阻止中國經濟與科技發展的圍堵政策（Containment strategy）。於是北京進而藉由工業政策來發展關鍵科技、透過政府補貼來資助研究經費、嘗試從其他國家那邊搜集新科技、以及在國家與一流科技公司之間建立更緊密的連結以尋求自我獨立。

然而為什麼科技會成為美中兩國競爭的核心呢？

軍事策略家已經告訴我們，社會的模樣會反映出衝突的方法。當我們的經濟從工業化時代走進資訊年代，我們的軍事策略也跟著改變。二十世紀與二十一世紀最大的不同點，在於科技的流動。在上個世紀裡，許多先進科技，包括網路，都是因為軍事用途而被發明，之後走進平民生活中。但在人工智慧年代裡，最致命的科技，不管是殺手機器人還是網路攻擊，都仰賴著私人機構所發展的技術。許多具有商業功能的工具都能夠被當作武器再度例用。因此，為了要維持軍事優勢，美國必須要控制科技的流動。

政治經濟學家會將這個概念延伸，說明軍事跟政治權力全都仰賴著經濟基礎。在這個勝者為王的科技經濟體裡，成為並且維持第一名的寶座是至關重要的事。各個國家正爭相想要定義標準以及規範，同時也害怕位為第一的公司會執行焦土政策（Scorched Earth Policy）以除掉對手。這就是過去二十年來，美國的科技巨頭如微軟、Google 跟 Facebook 所面臨的指控。他們現在所害怕的是，下一波壟斷資本會由中國人主導。而讓這一切變得更不公平的因素，是中國政府給予的補助、廣大又受保護的國內市場、來自北京的政治支持而受惠。曾經，美國政府擔心來自於北京的智慧財產竊盜跟網路攻擊，雖說這樣的恐懼其實也諷刺的展示了美國居於強勢的地位。但現在美國的強大恐懼，卻來自於中國（儘管因為政府支持而有所「不公平」）正跟美國，在如5G，人工智慧，量子電腦跟區塊鏈等新的科技領域上，爭相成為全球科技的領導者。

但最根本的原因，是因為科技正在改變人們互動的本質，因此也改變了我們的經濟、社會跟政治。正是因為了解到這點，像柯林頓這樣的全球主義領導者才會這麼希望能夠推廣網際網路。他們希望這些一九九〇年代的新科技，數據機跟行動電話，能夠將自由與個人主義散佈到全世界。而這也是為什麼中國政府這麼希望能夠把美國的科技平臺屏除在中國之外（即使他們張開雙手擁抱西方的汽車品牌、好萊塢電影、甚至西方食品品牌。）

多年來，中國已經嘗試將外國品牌屏除在他們的網際網路平臺之中，現在他們想要用本土的科技來取代西方的硬體設備，正是因為害怕西方公司會嘗試介入中國政治、拒絕將數據交給政府、被他國政府利用來勒索中國、或抑制中國本土公司的興起。[41] 但許多曾經期待中國會採納美國價值觀的美國人，現在反而害怕自己國家會被中國共產黨改變，或因華盛頓認為需要擊敗中國或抵禦中國，而所做出的政策影響而改變。

二〇二〇年的八月，美國政府啟動了對於中國的回應：「淨網」（Clean Network）計畫。這個計畫是為了確保傳輸一切美國資料，或是連接至美國網際網路的電信網路、App、App store、雲端系統跟海底電纜，都沒有中國的足跡。美國政府說，「淨網」計畫會幫助保護商務機密，同時阻擋中國共產黨收割美國公民的資料，用以進行間諜行為、操弄、甚至干擾政治。[42] 一位國會官員解釋：「中國在二十年前發現外國科技威脅到他們的政治體系，從而進行一連串的辯論與調整，而我們也終於開始進行，然而美國現在只是開始捉捕對自己開放體系造成直接威脅的外國科技。」[43] 在試圖把美中的網際網路連結解開的途中，已經導致監控者開始審查中國投資所造成的安全影響。其中一個最著名的例子，是曾經被遊戲公司「北京崑崙萬維科技」收購的同志交友網站——Grindr。然而在二〇二〇年三月，美國的管理者提升了國家安全疑慮之後，他們宣布被迫要將 Grindr 賣給美國公司。[44] 美國現在有了要透過工業政策、關稅、控制進出口與補貼來「模仿中國」的動能（同時中國也在模仿美國）。逐漸的，這個動能也使美國政府直接介入管理美國經濟，這可以從美國政府戲劇性的以基於國家安全為由，而對中國的字節跳動公司施壓，要求他們將影音平臺抖音售出。㊺

自由跟專制的關係，不只出現在政體上，也出現在科技當中。從某些面向來說，不同政府之間在政治上的不同，全因連結而被凸顯，也造成了彼此關係的緊繃。但因為各個政府為了彼此競爭而互相模仿，被連結的科技當中開放與封閉社會、被規劃的與自由經濟的界線也日漸模糊，到最終沒有任何一方能夠維持原本最純粹的樣貌。以中國的例子來說，數位時代的到來並非預示著自由世界與極權世界的戰爭，反而是兩者之間漫長的趨同。而對許多美國人來說，他們也開始因為同一件事而感到害怕。現在，閣學通引用東施效顰的故事，對華盛頓與北京來說，都有相同寓意。只是當美國政府開始採取中國式的策略，藉由工業規劃、出口控制來限制投資與資料共享時，美國人開始問自己「我們現在是模仿西施的東施嗎？」。當華盛頓與北京愈來愈相近，兩者之間的衝突除了在科技與經濟上愈演愈烈之外，在軍事與政治領域上也是。這兩個強權就連面對巨大全球挑戰的威脅，比如新冠肺炎與氣候危機時，都傾向於互相鬥爭，而非彼此合作。

從貿易與科技到移民與網際網路，全球化本身已經成為一個武器。在西元五世紀，中國人可以橫跨印度洋，跑到印度、阿拉伯半島或非洲，都不會與西方有任何的衝突。但在我們互相連結的世界裡，不管是中國或美國，只要其中一方打了噴嚏，另一者很難不受影響。全球化提供雙方許多彼此競爭的機會。在本書的下一部，我們會更深入的探討為什麼這些競爭的機會常常會被拿來利用的**理由**，以及這些機會可以在國內以及國家之間製造怎麼樣的衝突。

這一切的風險在於，中國與美國已經踏上了一個致命的旅途，從互相連結導向互相比較，間接的增加了競爭與衝突的機會。而當彼此之間的關係越來越有競爭性，想要模仿彼此的誘因就更大，競爭的惡性循環因應而生。

第二部

SECOND PART

理由——連結造成衝突的理由

2

被連結的人：社會是如何因為忌妒心而分裂

Grindr是一個同志圈的約炮軟體，原本是家美國公司，但後來被中國收購。在二〇一九年，美國認為此收購行為會影響國家安全，因此下令必須分割。從這樣一個軟體國安事件，我們可以從連結時代的三個「優點」，同時看到另一面的三個「危險」：全球網絡、情緒連結、不費力的接觸。

The Age of Unpeace:
How Connectivity Causes Conflict

正如所有的關係諮商師都可以提出佐證，在相愛與互相傷害之間，只有一線之隔。因此當全球最大的同志交友軟體Grindr，發現到自己身處於中美之間紛爭的前線時，或許也不會感到太驚訝。

二〇一六年，當中國的遊戲業巨頭北京崑崙萬維科技購入了據點於好萊塢的Grindr百分之六十的股權時，正如所有新開展的關係一樣，美好的希望、誇大的承諾跟遠大的計畫充斥在雙方之間。兩年後，北京崑崙萬維科技為了將這個擁有三千萬名用戶的軟體擴張至全球，又購入另外的百分之四十的股權。但隨著時間流逝，關係開始日漸惡化，彼此之間的懷疑日漸增加。在二〇一九年，美方被設計來調查外國公司收購的機構，美國海外投資委員會（CFIUS），開始調查此收購案對於國家安全的影響，最終，下令要雙方分道揚鑣。

你可能會問：究竟一個約炮軟體與國家安全有什麼關係？在這個被連結而非和平的時代，兩者之間確實習習相關。美國政府擔心，中國的公司可能將上百萬美國人的所在地點、性取向、HIV的陰陽性狀態等敏感資訊分享給位於北京的政權。他們也特別擔心軍隊、情報單位中的成員可能會收到來自國外的勒索。基於這些原因，北京崑崙萬維科技被迫在二〇二〇年的六月售出 Grindr。但 Grindr 的售出並不只彰顯了中美關係緊繃的範圍更加擴大，也讓我們看清科技革命究竟能夠用何種不同的方法來改變我們的生活，同時在過程中提供我們彼此鬥爭的原因。這項交易同時顯現出連結所帶給人們的迷人吸引力，以及一些更黑暗的可能性。我們先來看看在兩個不同地點的 Grindr 使用者的經驗。

奧馬・阿卜杜勒加尼（Omar Abdulghani）是 Grindr 的始終粉絲之一。他不只是熱愛使用網際網路，還認為網際網路**拯救**了他。出生於大馬士革附近的他，是在二〇一五年於敘利亞政府落入混亂狀態時，逃離家鄉的一千一百萬敘利亞人之一。當這個二十歲的少年敘述他從土耳其、希臘、巴爾幹島、最終到阿姆斯特丹的嚇人漂流時，分享道：「我的手機幫助我完成所有事。」❶不像上一個世代的人，依賴紙本地圖或陌生人的善心以完成遷徙，奧馬的旅途是在網際網路上精心設計，並透過他的手機完成的。然而除了這趟逃離敘利亞的旅程之外，他生活中的各個層面都因為科技的存在而被重塑且提升。身為一位出生於同性戀依舊違法國家的男同志，科技允許他去探索他的身分認同，並且認識朋友跟愛人。他透過 Grindr，偷偷地找到了他的真愛。當內戰威脅要撕毀整個國家的同時，是網路給了奧馬心靈上的慰藉，他跟在網路上遇見的朋友分享他日漸增長的恐懼及不安。最終，其中一個人送了他一張飛往伊斯坦堡的機票，作為他的生日禮物。而當他抵達土耳其之後，他開始在社群網路以及 Grindr 上面，一路從土耳其當沙發客，最終抵達他現在的居住地，阿姆斯特丹。其中最危險的一段路途，是在愛琴海上搭著一艘單薄的小船上，前往希臘。他只被允許攜帶幾樣珍貴的物品、一個小包包、一隻牙刷、他的小鑷子、以及最重要的：他的手機。「整個旅途很像是恐怖片的劇情。」他說「當我們在海灘著陸的時候，有些人下船就開始親吻土地，我當時哭了，因為我生還了。[…] 大多數人的手機都因為進水而報銷了，但我把我的手機包在一層層的塑膠袋裡。」奧馬的手機成為他在跨海旅途中最認真保護的物品絕非偶然。手機對他而言並非是件奢侈品，而是必需品，那是他社交生活的發生地、是他找到愛情與安全感的避風港、更是他在陌生城市中探索的方法。對許多跟奧馬同世代的人來說，手機幾乎就是他們肉體的延伸。這項裝置能夠達成的連結，已經是他的身分認同核心的一部份了，而這個核心也被超連結性（Hyper-connectivity）所改變了。許多層面來說，奧馬象徵著被超連結性所形塑的新人類。

另一個Grindr的使用者是跟奧馬同個世代的馬修．沙特雷爾（Matthieu Chartraire）[2]。在他二十二歲那年，被法國男同志雜誌《Têtu》封為年度選美比賽的冠軍。他擁有很標準的選美冠軍樣：起伏的六塊腹肌、豐富的頭髮、美麗的眼睛、似笑非笑的嘴巴、以及憂鬱的表情。但當馬修被宣布為選美冠軍時，是他公眾形象中的另一個特點吸引到最多關注：他是極右派民族陣線（National Front）的支持者。而當各個媒體的驚嚇逐漸平息之後，大家才發現馬修其實一點也不孤單。在法國民調機構IFOP於二〇一六年所公布的調查結果指出：在巴黎，有超過四分之一的同志人口支持民族陣線。跟在荷蘭的懷爾德斯（Geert Wilders）等其他極右派團體的領導者一樣，民族陣線（現在重新命名為國民聯盟）一直利用對伊斯蘭教的仇恨情緒，以及恐同的伊斯蘭教徒，來拉攏LGBTQ社群中的支持者。各方學者們甚至替這種選民創立了一個新的名詞：「擁有當代性取向的排外主義者」（sexually modern nativists）。[3]他們表示，極右派不再只屬於憤怒年長男子，現在有一群新的身分認同團體，因為一個共同的敵人而集結在一塊。

正因上述的原因，Grindr 成為奧瑪以及馬修最愛的 app，同時展現了連結世界中最好以及最壞的一面。Grindr 幫助我們了解到為什麼全球網絡、情緒連結、不費力的接觸，這三個能夠拯救性命的元素，同時也擁有一個讓人更傾向於紛爭的黑暗面。在這個章節裡面，我們會探討連結是如何改變人類，同時探索這個將奧馬連結至全世界的現象，是如何也讓社會走向兩極化的。我們將會觀察這股允許陌生人對奧馬產生同情的情緒連結，是如何導向一場嫉妒心理的瘟疫。我們同時也會觀察這項讓他的社交生活與交通往來如此容易的科技，是如何讓許多人感到世界正在逐漸失去控制的。

在所有的領域當中，科技以及數位網絡除了不斷地被監控資本主義利用之外，也不斷地分裂社會、不停的給予人們彼此鬥爭的原因。我們會在下兩個章節裡頭，看到被連結的人們是如何愈來愈容易受到民粹主義的政客影響，進而引發全球的失衡。為了要了解這個世界是如何被改變，我們得先了解人類是如何被連結所形塑。而在那之前，我們應該先看看這三個美好的特徵的黑暗面。

網際網路上的融合與分離——物以類聚也就是排除「他人」

上世代的男同志，通常會面臨一個選擇：他們要不是壓抑自己的性向，要不就得冒著可能會揭露自己性向的風險，光顧同志酒吧或者接近陌生人。但奧馬跟馬修所處的年代，交友軟體已經讓男同志能夠在網路上找到彼此，並且在私人場域見面，而不用跑到公開場合會面（即便在相較壓抑的國家裡也是如此）。社會學家一直以來都說約砲軟體就好比一個「X光視線」，允許人們去掃描身邊的所有人，在任何人發現之前，將人們分成同性戀與異性戀兩類。❹

而這還只是 Grindr 所帶來的一部分奇蹟。在 Grindr 成立於二〇〇九年後，就建立起一個橫跨一百九十二個國家，涵蓋成千上萬人的社群。他們是第一個將網路交友與網路定位系統融合在一起的軟體。藉由給使用者能夠往右滑而找到伴侶的選項，Grindr 徹底改變了求偶的本質。Grindr 讓那些本來覺得自己被排除在外、或感到自己是異類的人能夠有身處在一個社群裡的感受，同時讓人有機會能夠跨越種族與地理位置的與其他人產生連結。藉著將橫跨大陸的人們連結在一塊，Grindr 有能力敞開人們的同情心，就像奧馬所經歷的一樣，即便身處於倫敦或阿姆斯特丹的同志，也能夠同情人在敘利亞的他。Grindr 提供了那些生活在同性戀依然違法的國家中的百分之三十五的用戶，以及數百萬個活在不贊同同性戀社群的國家中的男同志一條生命線。[5]

當然，沒有人會抱怨 Grindr 只照顧到同志族群，畢竟將同性戀以及異性戀混在同一個交友軟體當中有什麼意義呢？但是，人們卻在這個軟體當中漸漸地變得原子化（Atomized），這代表著身而為人的概念，被拆解成各個細小的元素。在 Grindr 上面，你可以依照身高、人種、身形來找尋潛在的伴侶。人們不再被視為一個整體，而是依照各個特定的類別被切割成無數個細小特徵。[6] 大家開始認為他們能夠像在展示廳選擇車子、或像在超級市場選優格一樣的挑選自己的伴侶。社會學家稱這樣的現象為「消費主義者的幻覺」（Consumerist illusion）[7]，畢竟愛情運作的神秘道理跟其他消費行為並不一樣，一個人可以對生活不做絲毫更動的挑選任何品牌的優格，然而在選擇另外一半時，可能會帶來的改變卻很難被掌控。

而在幾年之後，Grindr 高層發現若他們提高分類的精準度，他們能夠獲得更多的利益。在二〇一三年的九月，平臺慶祝創立五週年的同時，他們釋出了2.0版本，這個版本增加了新的篩選條件讓使用者可以縮小他們的搜尋範圍，藉此找到自己喜歡的「Grindr族群」：Bear（身材偏大又有茂盛的體毛的人－比較年輕的被稱為幼熊）；Daddy（年過四十且偏好年輕男子的人）；Discreet（不分享照片／或未出櫃的人）；Geek（戴眼鏡者）；Jock（身材健壯者）；Leather（施虐癖與被虐癖）；Otter（身材纖細且多體毛）；Poz（HIV陽性者）；Rugged（身形非常健壯的人）；Trans（跨性別者）與Twink（有修毛或除毛，敢曝[camp]的年輕人）[8]

表面上看來，這是一項很棒的革新，畢竟約砲軟體的初衷不就是希望每個人都能夠找到自己的「類型」嗎？而網路的美妙之處就在於，每個人都能夠連結到所有人，讓用戶大大的增加自己有可能接觸到的人數。如此一來，在這個浩瀚的宇宙當中，不管是誰都更有機會找到符合自己特殊偏好的人，而這點也被Grindr證實了。

Grindr在年輕同志族群之中是如此的受歡迎，讓其他同志交友軟體，以及比Grindr稍晚幾年開發的異性戀新創軟體如Tinder或Bumble，開始大量的複製這個模式。在集體作用之下，他們一起改變了親密關係的面貌。一個使丹佛大學的研究指出：在美國，網路交友相較於親朋好友介紹、大學或教會認識，已經是情侶中認識彼此最普遍的方式了。這個轉變的速度非常驚人，在一九九九年時，只有百分之二的人透過網路認識伴侶，但到了二〇一七年，已經有百分之四十的情侶藉由網路交友平臺認識對方。[9]我們從Grindr中可以學到的事情是：透過挑選功能，更精準的遇到我們理想的交往對象。人們一旦踏上了分門別類的道路上，就很難停下來，從異性交友到同志約會、族群分類、族群內又分出不同的子族群……。現在市面上已經有過多的交友軟體將人們依照政治、宗教、收入與成長背景將其他人移除在外。在市面上，能夠更精確的將人分類的平臺就有Patrio（給單身愛國保守主義者使用；他們的標語是：「與右派/對的人交往」（Date Right），Christian Mingle（超過一千五百萬個「信仰虔誠的單身者」用戶的社群），無麩質單身者（GlutenfreeSingles），還有只與農人交往（FarmersOnlyDating）。[10]

雖說現在很難有根據來預測，這項從實體轉移到網路中的改變會帶來什麼長遠的影響，但我們能夠猜測這可能導致更強大的兩極化效果。我們從大家日常生活當中的舉止就知道，只要有機會，人們會傾向於找尋跟自己相像的人相處，而我們也被告知「物」總是「以類聚」。雖然

「相似」的意義會隨著時間而改變，但在二〇一〇年美國人口普查中，我們發現百分之九十八的已婚白人女性，丈夫是同為白人的男性，而百分之九十六的已婚非裔男子娶了非裔老婆。[11] 我們也被告知「選型配種」（assortative mating），這種人們找尋相同經濟與教育階級的人配對的過程，已經造成了社會上收入不平均的現象了。而線上交友可能會讓這個現象更加劇：正如教育程度在交友網站上的簡介中被顯眼的陳列。而這在現實生活當中完全不可能發生。

漸漸的，人們也開始找尋與自己共享同樣政治理念的伴侶。耶魯大學與史丹佛大學教授所做的研究指出，對美國人來說，雖然這項類別的重要性仍然亞於種族，但關係當中，雙方是否有共同的政治理念是與對方是否有等同高度的教育程度一樣重要的。[12] 民調也證實這點：在一九六〇年，百分之五的的共和黨跟民主黨支持者說：「如果他們的兒女與自己支持黨派之外的人結婚，他們會感到『不悅』」，而在二〇一〇年，將近半數的共和黨支持者與超過三成的民主黨支持者認為，若遇到了跨黨派的婚姻，他們會「些許」或「非常」不開心。[13] 由此要說此刻社會比二〇一〇年還要再更兩極化，一點也不為過。

我們在當代的交友情況中，看到社會從大群體轉移至小社群，這樣的舉動也發生在生活的其他領域，且愈為普遍，而這一切逐漸被以精準利用數據，使人們被定義對何感興趣的「監控資本主意」邏輯所觸發。網路已讓地球上的多數人，可以透過網路找到與自己有共通興趣、能分享對他們生活來說有意義的迷戀社群。也因為每個人都與自己有共同興趣的人產生連結，每個人都能活在「想像的多數」（Imagined majority）的世界裡。[14] 數位時代所帶來的新事物之一，就是人們能夠輕易且精準的分割群體，同時自我分割。然而讓人們可以將自己歸類到相似想法的人之中的行為，對社會可能造成的後果為何呢？

從二〇一六年以來，討論同溫層（Filter bubbles）的文章數量之多，可能需要整座森林所產出的紙才印得完。過去在辯論當中，人們所愛戴的政治宣言是「你可以擁有你的意見，但事實非只屬於你自己。」但在假新聞跟社群媒體氾濫的年代裡，所發生的事是所有自我認同的社群都能夠擁有自己的事實。許多人已經描述過數位媒體與社群媒體的興盛是如何改變我們吸收新聞的方式。漸漸的，我們只選擇吸收我們想聽到或看到的。心理學家告訴我們，當我們遇到與我們原先所信仰的理念不同的事實，我們的心智會自動的否定之，而在今天，我們甚至不需要看到那些我們不喜歡的事實。

另一個作則用發生在文化中語氣的轉變。佛洛依德在《文明及其不滿》（Civilization and Its Discontents）中解釋，文明當中的必要因素之一是壓抑的機制，人們透過這個機制自我審查，將心中最黑暗的想法隱藏起來。然而一旦人們感到自己身處在志同道合的網路社群當中，大家通常會把所有想法公諸於世。[15] Grindr 最近也因為允許用戶在自己的簡介上面寫出帶有貶義的文字而登上新聞，諸如：「不找亞洲人」、「不找黑人」、「胖子勿擾」、「拒娘」、「不找變裝癖」與「Masc4masc（健壯的人只找健壯的人）」。[16] 像《GQ》這樣的風尚雜誌也出了一篇專題報導「WhatsApp 陷阱（the WhatsApp Trap）」，解說社群軟體的團體是如何讓「小眾文化（Micro-cultures）」茁壯，並且讓人們在其中做出在社會當中不被允許的行為，發洩各種充滿種族歧視、厭女、甚至違法的言論。[17]《GQ》的文章裡面羅列的帳號當中，有在 Facebook 上幻想強暴女學生的社團「去他的女人，不必尊重她們」（Fuck Women. Disrespect Them All），在 WahtsApp 上面招攬橄欖球員從事性虐待遊戲的社團；

與五個法律系大學生組成的「埃克塞特大學五人組」（Exeter Five），在WhatsApp上面讚揚以諾・鮑威爾（Enoch Powell）的著名種族歧視演講，「血河」（Rivers of Blood），的「陰險伙計社團」（Dodgy Blokes Soc）。上述這些與其他數不盡的例子，都顯示出數位平臺的親密性與分離性，正導向「被壓抑之物的回歸」（Return of the repressed），一種文明社會當中不被接受的（也是違法的）行為的復甦。

在下一個章節裡面，我們會探討網路協助人們將自己與他者區隔開來的舉動，是如何改變政治的動員方法。在十九與二十世紀，人們會以社團或者課堂的名義聚在一起，進而藉由群體的力量推動社會的進展，如：全國的健保系統、國民教育、社會安全網或甚至退休金制度。但數位年代的多重多樣性似乎都導向社會的分眾化（Fragmentation），雖說許多代表著片面身分認同的社會運動，如**MeToo或**BlackLivesMatter可以藉由網路很快速的崛起，所倡議的內容也對社會正義來說非常發人深省，但他們是否為了某個世界共通的價值而奮鬥？抑或只是因為某個特定族群所致的不正義而發起？社會學家擔心在我們原子化的年代裡，社會更難因為共通的價值而有新的運動，無非是因為數位化革命（Digital revolution）將每個人的概念都拆解到最微小的組成部分所致。這對傳統每四到五年就在兩個政黨當中輪替一次的代議政治來說，也變成一件難事。

監控資本主義與全球化的邏輯已經滲透進我們的生活，現在更把我們的生活拆解得支離破碎。就拿iPhone為例，為了要生成一支iPhone，會連動的供應鏈包含了來自橫跨六大洲、四十三個國家中兩百個不同的供應商；而同時我們每個人也將生活當中的私事「外包」給比我們更在行於某事的專家，比如幼兒照護、營養學專家、交友指導、個人體能訓練師。[18]漸漸的，政府也將我們視為繳稅者、開車者、行人、學生、病人、或生產者，而非整體的人群；而政黨也會藉由身為不同身分認同的群體的方式來接近我們，而非意識到選民是因為不同職責或渴望而有交叉壓力（Cross-pressured）的複雜群體。[19]將人們拆解成一組特徵或技能，可說是剝奪了對方的人性。社會學家齊格蒙·鮑曼（Zygmunt Bauman）說：「將人視為各種特徵的組合後，這個人就不再被道德所約束了……這樣處理資訊的概念，將被歸類的對方人性抹滅掉，不管你是要與對方約會，還是要殺了對方。」[20]這並不全然是個新的現象：奴隸販賣市場將人視為日常用品來販售；同時許多社會也依然不把女性視為一個完整的自主個體，而是用來生小孩、交換嫁妝、美貌、或家族關係的載體。然而，我們先進的科技加速且加劇了這個劃分的現象，一旦我們被劃分，我們就更容易受到第二個連結人類的黑暗特徵——嫉妒心，的影響。

情感連結的一體兩面——同情心與嫉妒心

Grindr的用戶平均每天花九十分鐘在螢幕前瀏覽各個簡介，並將人歸類到不同類別後，再發送訊息給對方。將人簡化成照片、身高體重、教育程度、族群等資訊後，人們終於感覺到自己可以比較，那些原本無從比起的事物。當我們去蕪存菁，直到剩下本質，或我們想呈現給他者看的本質，而後，我們終於能看清我們身而為人的共通性。這就是為什麼我們在數位連結之後，同情心與視野跟著拓寬，允許我們在情緒上共感於身處遙遠；甚至一輩子素未謀面的人。奧馬的故事，是全球社群自我整合後，幫助受壓迫者的動人傳說，這種全球性一起湧出的支持與愛其實並不少見。舉例來說，在二〇一五年巴黎在巴塔克蘭劇院（Bataclan）的襲擊案後，在Facebook的大頭照中看到很多人換上三色國旗的濾鏡，以及在二〇一九年，當巴黎聖母院（Notre-Dame）燒毀時，大型募款活動的興起。大多數活在十九世紀的人可能完全無法得知關於遠方的大屠殺或者火災的消息，但今天我們的同情心卻能夠無遠佛屆的蔓延到全球。

然而，在同情心增加的同時，連結也同時製造了嫉妒心的瘟疫。研究學家已經藉由羅列社群媒體當中的男性或女性的形象是如此的不切實際[21]，以致飲食失常的人數大增，試圖想揭露社群媒體對人們心中身體形象所造成的影響。而同時我們也漸漸地學習到，比較年代的轉變對政治作出的改變，完全不亞於對個人心理健康所造成的影響。在上一章節裡面我們討論到勒內・吉拉爾所提出的理論，說明我們的慾望並不是從我們自身而生成，而是從對方身上複製貼上的。我們也提過「嫉妒心的預言家」的想法是如何引發彼得・泰爾投資Facebook，讓一個當初只有五十萬初始投資額的新創公司，搖身一變成為一個股權價值超過十億的公司。

雖然吉拉爾當初是透過研讀文學經典而發展他的理論，但他的理論與當時與他同時期的社會學家是不謀而合的。一九五四年，社會學家利昂・費斯廷格（Leon Festinger）初次提出了「社會比較理論」（social comparison theory）。[22]他論述說，大多數的人藉由互相比較來定義自己的自我身分認同，他們藉由比較得到自己比別人好的部分，而因此得到自尊，反之則失去自尊。

能夠最詳盡解釋這些藉由社會所建構的身分認同是如何導向紛爭的研究者，就屬亨利．泰菲爾（Henri Tajfel）了。對他來說這個問題是非常個人的，他在一次機會當中決定了自己的身分認同，使他的人生有了完全不同的發展。泰菲爾一九一九年出生於波蘭一個猶太家庭當中，長大後去巴黎的索邦（Sorbonne）大學求學，畢業後在法國從軍對抗納粹，最後被德軍逮捕成為戰犯。當德軍詢審問他時，他做了一個關鍵的決定，並謊稱自己是法國人，而非據實以報的說自己是波蘭人。這個回答讓他最終被帶到戰俘營，而非集中營。當他回到家鄉之後，才發現他大多數的親人與朋友都被殺害了。泰菲爾最後移居英國，並花上他剩下的大半光陰試圖了解他是如何被他的命運所引領的。

泰菲爾試圖透過費斯廷格以及其他學者的理論的堆疊，找出人類為什麼會如此容易建構出社會中的身分認同。在他早期的實驗中，他給自願受試者兩幅畫選擇，並且依照他們的選擇分成兩組。[23]一幅畫是康丁斯基（Kandinsky）的畫作，另外一幅是保羅．克利（Paul Klee）的畫作，並且灌輸兩組的組員將自己所處的團體視為「內團體」（In-group），並將另外一組視為「外團體」（Out-group）的想法。兩組的人從來沒有跟另一組的人見過面，但兩組的組員很快的開始認為自己所屬的那組是比較優秀的，也開始替另一組的人冠上比較負面的特質。當兩組都被要求要貢獻少量的錢給自己的組別時，不僅兩組的人都想確認自己組別所擁有的總額比另一組高（即便得到較高的金額對參與者個人並沒有任何正面的影響），同時，即使這些錢會從他們自己的口袋中被拿出來，他們還是盡可能地想讓兩組之間金額的差距愈大愈好。最令人驚訝的是：這兩組人對自己的組別的認同重要到，只要能夠對另一組造成傷害，他們願意做出任何事，甚至是犧牲自己。

經過了一系列類似的實驗，泰菲爾發展出顛覆人們對於兩個群體之間的競爭的看法的「社會身分認同理論」（Social identity theory）。在泰菲爾提出這個理論之前，大多數人的將兩個群體間的鬥爭視為利益衝突而產生的競爭。但泰菲爾證實了在競爭背後，有更原始的動能。能夠擁有身處一個群體中的資格，是人類身分認同的核心因素，也是讓人感到自豪的源頭，即便這個資格是完全隨機被分配的。為了讓自己對自我感覺更好，人們傾向於將正面的素質加諸於自己所屬的內團體的認同上，同時詆毀不在這個群體的人（所謂的「外團體」）。泰菲爾展示了：刻板印象是定義人們的身分認同的核心，同時將世界分成「我們」與「他者」。

這些二戰後的實驗告訴我們：身分認同不只源自於比較，也來自於個人的內在特徵。而一旦身分認同被建立，與外在的衝突通常就會發生。但當今的數位時代與之前最大的不同在於，我們到底在拿自己與誰比較？在新的「比較年代」當中，我們瞬間開始與全世界的人比較。像 Google 這樣的搜尋引擎，或者是 Instagram 這樣的社群軟體，藉由讓我們能夠拿活生生的自己與世界上最成功的人們所創造的半虛擬身分來比較，促進了跨洲際的仇恨。從小賈斯丁（Justin Bieber）浮誇的名車收藏，到金・卡達夏（Kim Kardashian）不自然的沙漏型身材；從名人們的後院私人游泳池，到葛妮絲・派特洛（Gwyneth Paltrow）幸福的家居生活，我們以為我們看到了世界上另一半人口的生活。[24] 網路最戲劇性的特徵之一，即是它讓人們能夠精心的策劃自己的身分，創造出看似完美的生活，導致真實世界當中的生活，也是我們每個人都經歷著的生活，永遠都看似差人一截。

每隔幾年，好幾個國家會進行人口價值觀與幸福感的問卷調查。「在一九八〇年，全世界的價值觀問卷得出經濟富裕與否，與人民對社會的滿足與否並沒有直接關聯。」政治學家伊萬．克拉斯捷夫（Ivan Krastev）解釋：「在當時，奈及利亞人與西德的國民對生活的滿意度相當，但最近的調查發現：奈及利亞人對生活的滿意程度，與他們的收入成正比。」[25]不同的點在於：奈及利亞人不再拿自己與國內的其他奈及利亞人比較，而是與全世界當中最富有的人相比。我們會在下一個章節更深入探討這樣的政治影響是如何在英國與美國發酵，但在那之前，這個現象在波蘭引起的現象很值得我們深入探討。

利昂．費斯廷格在華沙並不是一個有名的人（甚至連同是波蘭人的亨利．泰菲爾也鮮為人知），但波蘭的政治家如果去研讀費斯廷格的著作，會更能搞懂過去二十年間波蘭的政治是如何轉變的。如果依照傳統的政治評量標準，你可能會以為波蘭於二〇一五年的選舉結果被動了手腳。在過去十年間，波蘭的國內生產總值（GDP），經過通貨膨脹校正之後，依然成長了四十六個百分點，而每戶平均收入也增加了三十個百分點。[26]這樣傑出的成長，是所有歐盟會員國當中最顯著的。但到選舉當日，原本的執政黨卻沒有獲得連任。雖然說有一些周邊的醜聞玷污了執政黨的名聲，同時前總理唐納・圖斯克（Donald Tusk）也跑去布魯塞爾擔任歐洲理事會主席，但這都不是最能解釋執政黨落選的原因。「問題出在於年輕的波蘭人並不是拿現在對未來的預期與波蘭十年前對未來的預期相比較，或甚至是他們父母當時對未來的預期相比。」巴托里・斯特凡（Stefan Batory）智庫的董事亞歷山大・斯莫拉爾（Aleksandr Smolar）說：「他們比較的對象是他們出國旅居德國與英國的同學們。」[27]這顯示了在數位年代當中，我們的剝奪感不再來自於我們生活周遭的人。社會學家宣稱，我們現在與恆常且「自由流通的」（Free-floating）委屈感共存，而這個委屈感的生成，完全不是因為任何一個特定的「對照組」（Comparative group）而生。[28]人類不滿足的感受不再是「比較而出的」而是「世界共通的」，因為不滿足的感受並不是因為任何一個特定的情形而起。而面對這樣的感受，我們也沒有任何地方可以躲藏。

輕易接觸的善與惡——自動化與失去控制

當你在交友軟體上面朝著不同的個人簡介左滑右滑時，你感覺像是主宰了宇宙一樣，只需要動用一根手指頭就能決定別人的命運。所有的事情都自動化完成，成功的候選人乖乖排好隊等著你的判決。但大多數的使用者都知道，真正的權利其實掌握在決定要呈現哪些照片給你看的演算法手上。如果電腦決定你不是那麼地吸引人，那些擁有超模長相的人也不會被出現在你的面前，成為你潛在的伴侶之一。為了要「增進用戶體驗」，所有的決策都在你背後完成。大多數的時候，你可能會願意接受這樣的狀態，但在某些片刻，當你的無能為力變得一清二楚的時候，你也只能對著手中的機器發脾氣。

這就是第三個數位革命的黑暗面：當看到所有事務都已經被自動的整理好的時候，從表面上看來一切都毫不費力、又使人感到自己握有權利。但演算法的黑盒子也讓我們感到世界正在失去控制，而這在人們身上產生了劇烈的影響，進而影響到國家政治上，再而蔓延到全球。透過演算法驅動的各個平臺，每天都在促使我們割讓我們的決定權，除了在約會軟體上之外，各個平臺也告訴我們要去讀什麼書、要買什麼產品、什麼時候要運動。愈來愈多政府跟公司利用演算法與大數據來對我們生活的各個層面下決定，從學生的考試、貸款審核、面試過程、到醫療資源的取得。[29] 在過去，廣告商會開玩笑說，他們所花的成本，有一半都是在浪費錢，只是他們沒辦法得知是哪一半。但現在，Google 的監控資本主義已經把銷售的藝術變成一門科學。他們已經得知，在什麼時候該把怎麼樣的特定訊息傳給哪些人，會讓消費者最容易行動。[30]

在有理智做選擇的時刻，許多消費者開始發現自己愈來愈常被引導到以他們為標靶客群的商品面前，同時價格也是因為個人而調整過的。[31] 舉例來說：旅行網站 Orbitz 就被指控過用不同的價格將商品賣給 PC 與 Mac 的用戶，因為依照數據顯示，Mac 用戶的收入通常比 PC 用戶還要高。[32] 據說 Uber 也在研究是否能夠在手機快沒電的用戶面前呈現較高的價格。[33] 而辦公室用品公司 Staples 也被指控願意出更低的價錢給住在對手品牌附近的客戶。[34] 如果說這樣的操弄被普及化的話，顧客的選擇就不復存在了，市場上就只會有主動的供應商提供個人化且「無法拒絕的報價」給被動的消費者們。[35] 雖然依照我們所存在的這個八十億人的「單一市場」的邏輯看來，我們可能不會依循這樣的路徑繼續下去，但我們可以看見演算法是如何在市場上限縮消費者的選擇能力。

當然，大數據與人工智慧對我們的自由所帶來的威脅並不只局限於市場上。在二十一世紀的二十年代，這個美麗新新世界裡，所有人都有一個「科技無意識」（Digital unconscious），能夠讓各個公司在某個程度上比我們自己還更認識自己，[36] 不論是 Google 搜尋的快取還是簡訊或電子郵件。因為我們在網路上留下來的科技足跡，以及從我們手機裡面搜集來的後設資料，我們的每一個消費行為、每一個搜尋、每一個寄出的電子郵件，都變成赤裸裸的揭露與自白書。只透過搜尋紀錄當作線索，Google 很常比當事人自己更早知道自己懷孕了。這些經濟規模能夠與國家批敵的科技公司們，為了追求自身的獲利，而非像國家一般的為了增加自身公民社會的深度，替我們決定我們看到哪些資訊、聽從什麼樣的人、做出什麼行動。[37]

他們用來分析所有的資訊的武器，就是人工智慧，跟在上一章提到，打敗世界圍棋冠軍李世乭的 AlphaGo 一樣的科技。而最了解這項科技的優缺點的人之一，是斯圖爾特・羅素（Stuart Russell）博士。他有著微微的禿頭、閃爍的雙眼以及直率的表情，即便他長年旅居美國，還是保有著他的英國腔。他的名字被大多數的科技學家熟知，除了因為他身為電腦科學家的身分之外，也因為他在一九九〇年代共同編寫了銷售超過五百萬本的標準人工智慧教科書。但在今日，當他討論到他的工作內容時，他總是警告說他的研究內容很可能會影響人類的存亡。跟伊隆·馬斯克（Elon Musk）、史蒂芬·霍金（Stephen Hawking）、鐵馬克（Max Tegmark）與尼克·博斯特倫（Nick Bostrom）還有其他人一樣，他們都對於創造出超人類智能的可能提出了警告，認為這樣的發展可能會不經意的導致人類的滅亡。羅素是個正向又好相處的人，但他對科技的警覺心卻日益的增加。在二〇一九年，他把這些擔憂書寫成一本傑出的書，《與人類相稱：人工智慧與控制的難題》（*Human Compatible: AI and the Problem of Control*）。跟許多這個領域的引路人一樣，他最大的擔憂就是人工智慧將人類的能動性（agnecy）奪走，同時危害我們的存亡。

羅素博士解釋，問題出在人工智慧系統只會專注於我們設定它們完成的目標上：在棋盤上贏得勝利、降低碳排量、或完成像人類一般的對話等任務。一旦人工智慧找到能夠達到目標的策略，他們就會不顧一切因果的遵循這個策略，比方說：如果你要求一臺自動駕駛的車輛從甲地到達乙地，即便在路上可能會撞死路人，這臺車也會開到目的地；或要求人工智能減少碳排量，它可能會發現最有效率的方式就是殲滅人類。如果人工智慧得到一個很模糊的目標，它可能會做出讓人類感到厭惡的事情。這樣的情形，羅素稱之為「邁達斯國王難題（King Midas problem）」。他在Vox雜誌的一篇訪問裡面說：「麥達斯國王提供了目標：我想要我雙手所處之物都成為黃金。」他確實得到了他所要求的，然而不幸的是，他所碰到的食物、飲料、以及他的家人也都變成黃金了，最終他悲慘的飢餓而死。「當精靈給你三個願望的時候」羅素繼續解釋「最後一個願望都會是『我希望前面兩個願望被消除，因為我毀了全世界。』」[38]

羅素與其他人工智慧懷疑論者最極端的恐懼是殺手機器人將會取代人類，或接管全世界。但即便這些惡夢般的情境沒有真實發生，人工智慧也有許多方法能夠摧毀人類的能動性。人工智慧雖然才剛開始發展，但它已經引發了上千個像邁達斯國王這樣讓人感到憤怒或甚至憎恨的事件。已經有許多作者發表演算法是如何延續並且凸顯偏見跟歧視，因此導出明顯帶有種族歧視與性別歧視的結果。其中一個經典的案例，是美國的科技巨頭 Amazon 建構來協助雇用人員流程的人工智慧機器人，最終 Amazon 因為一個重大的缺陷得要把這個系統撤除：因為它不喜歡女性。

「每個人都想得到這個夢寐以求的機制。」其中一個曾經在 Amazon 使用過這個軟體的人說：「他們基本上希望創造出一個裝置，在我提供一百份履歷給它時，它能自動篩選出前五名，然後我們就會僱用那前五名。」但到了二〇一五年，公司發現這個系統會自動的排除女性候選人。問題出在於，在設計之時，人工智慧被設定回頭去檢視過去十年內公司內部錄用數據，而在這個男性主導的電腦工程世界裡，大多數比較亮眼的履歷都是男性的履歷，因此演算法便教導自己，把女性剔除在選擇名單當中。而 Amazon 絕對不是被大數據當中存在的歧視所影響的唯一例子。[39]

對於演算法將人們的能動性奪走感到最不安的人，或許不那麼令人感到意外的，也同時是對權力最著迷的人，而其中一人就是亨利．季辛吉（Henry Kissinger）。九十多歲的季辛吉，並不是透過 Tinder 或 Grindr 這樣的交友軟體意識到人工智慧所帶來的威脅。對他來說，頓悟發生在一場人工智慧論壇當中，當時專家講述著建構 AlphaGo 的過程。他驚豔的發現：AlphaGo 並不像打敗世界西洋棋冠軍，加里．卡斯帕洛夫（Garry Kasparov），的電腦深藍（Deep Blue）一樣是被人類設計出來的，而是自我訓練出來的。AlphaGo藉由與自己演練無數場棋局來磨練自己，直到打敗世界圍棋冠軍。而比贏過人類更重要的是，AlphaG發展出人類永遠都沒有嘗試過的下棋策略與手法，它似乎已經開始運用我們所知範圍以外的智能了。

季辛吉嚇壞了，他開始問自己，這些能夠自主學習的機器將會如何運用知識？他們會互相溝通嗎？以及他們是如何做決定的？他默想：「人類歷史有沒有可能走向印加文明的終點呢？正如當時印加文明的人遇到令他們無法理解，甚至敬佩的西班牙文明一般。」[40] 或許季辛吉對於人工智慧了解不多（誠如許多科學家從他發表的評論當中發現的一樣），但他發自內心的感受到，他原先奠基在個人中心與啟蒙人類的世界已經逐漸落幕。他擔憂這樣的科技會使智能與道德意識開始分道揚鑣：這樣的新科技會如何被使用呢？這樣能夠自己發明執行事情方法的電腦，該如何反思自己的行為可能產生的後果呢？

以前的觀念是：自由主義是管理國家最有效率的方法，因為人們比政府還要更了解自己。由中央統一規劃國家事務的方法沒有被大多數國家繼續採用的原因，並不是因為在理念上不符合，而是因為要一小群人去預期一大群人的需求是不可能的。但藉由大數據，政府與企業能夠比以前更有洞見的了解每個人。季辛吉的直覺是對的：自主權，甚至是主權的本質，都已經開始變質。在中世紀，神被視為是唯一權威；對世俗主義者（Secularism）來說，政府代表著權威；對自由主義者來說，每個人都是自己的主宰者。但在未來，演算法會掌管一切。很快的，人工智慧驅動的電腦很可能就能夠藉由分析大量的資料，來替我們生活的每個面向做出關鍵性的選擇，而對某些領域來說，這已經是事實了。但這些能夠自我學習的機器只對於找到管用的方法感興趣，而非搞清楚方法為什麼管用，它們可以很有效率的利用圖形辨識（Pattern recognition）與大數據來執行任務，但它們完全沒辦法向人類解釋為什麼這樣做是最好的選擇。[41]

像羅素這樣的科學家，或是季辛吉這樣的政治人物，都擔心人類會淪為解析人工智慧系統的舉動的意義、找尋詮釋可能的角色。他們擔心在啟蒙年代以及人類理智為中心年代之後，我們會回到希臘的德爾斐（Delphi），「人類只能詮釋關於人類命運的神秘訊息」[42]。當然，這些聽從數據的演算法會遭人厭惡與憤怒，還有其他更根本的原因：首先，他們將人視為分散的數據，而非一個擁有道德判斷能力的個體，同時將人依照行為模式分門別類。舉例來說，當演算法被拿來預測英國的考試成績時，對機器來說重要的，是避免整個國家當中分數通貨膨脹的現象發生，而非產出對每個人來說都公平的結果。第二點是，演算法預測的未來總是跟過去一樣。因為他們從歷史資料當中找尋模式，並用這些模式來預測未來。然而，用數據來預測的決定論（Determinism）降低了個人能改變的可能性，而這個可能性也是人類擁有自由的核心價值之一。[43]而更重要的一點是：在過去，傳統機構在做決定時，會有問責制（Accountability）建立在系統中，然而現在，許多決策都是藉由「黑盒子」中的演算法未經審查的做出決定，而人們也無從上訴。

正如我們上述所提及，幾乎所有連結帶來的正面特質，也都有能夠將人們拆散的黑暗面。將特定的群體連結在一塊的希望，也都落得分裂出更多不同身分認同的群體的下場；能夠散播同情心的網絡，也同時激起嫉妒心的瘟疫；而藉由人工智慧來賦予人們權力的意圖，最後也將人類的能動性奪走。這些傾向，都讓被連結的人們更容易受到衝突影響，而這些傾向也同時解釋了為什麼當人們在國家政治場域當中聚在一起時，會更傾向於支持好戰的政治人物。而這也是我們在下一章會探討的主題。

3

非和平時代中的國家文化：奪回掌控權的政治

在美國，日漸壯大的「非白人」數量，正逐漸超越日漸萎縮的白人，這項數據也打醒了美國民主黨的策略家。民主黨照著這個劇本，讓歐巴馬與拜登贏得多數的選票。但同樣重要的是，也是起因於這個新的人口樣態，使得白人人口受到刺激，製造出反向動能，幫助川普贏得二〇一六年的大選。

The Age of Unpeace:
How Connectivity Causes Conflict

他們稱此行動為佔領布拉格（Occupation of Prague）：在二〇一六年的八月二十一日，一輛掛著 ISIS 旗幟的吉普車開進老城廣場（Old Town Square），上頭載著一群留鬍子的人，邊開槍邊叫喊「真主至大」（Allahu Akbar）。他們的領導者以衝鋒槍對空鳴槍，喊著：「我們正在為你們帶來真實信仰的光芒。」慌亂的目擊者四處逃散，留下散落一地的桌椅以及受傷的民眾。過了一段時間，大家才發現整起事件的主使者，馬丁·孔維奇卡（Martin Konvicka）並非 ISIS 的恐怖份子，而是反對移民的激進份子。孔維奇卡帶著一隻駱駝、一隻山羊、可拆卸式假鬍子跟假槍，與他的支持者一同策劃了這個行動，目的就是為了向大眾展示：如果捷克允許太多穆斯林難民移民到國內，生活會變成什麼樣子。[1] 警察在這場行動的高潮：演繹對異教徒動用私刑的過程之前制止，但在 Facebook 上孔維奇卡依舊宣告這場行動成功落幕。[2] 而被選擇舉辦這場行動的日期，也是別具象徵意義——一九六八年的這天，蘇聯入侵捷克。

雖然他的策略古怪，孔維奇卡的抗議卻完美地被設計來指稱被連結的政治當中的新樣貌。這場行動精準利用了各個我們在前一章節裡討論到的弱點：身分認同的兩極化、嫉妒心理，以及在國家本土居民感覺「對於正在改變自己國家的力量」幾乎沒有掌控權。這種新的國族主義其實是連結的產物，同時也是為什麼地緣政治正在遠離合作關係，並導向彼此競爭。

諷刺的是，孔維奇卡行動的幾週前，在倫敦也有抱持著類似主張的保守派運動，只是這個運動主要反對移民從東歐國家，比如捷克，進入英國。在最後一場英國脫歐公投造勢的辯論活動中，鮑里斯·強森站在溫布利球場（Wembley Stadium）的巨大舞臺上，要求底下的公民們奪回對於自己國家的邊界、財政、與生活的掌控權，「如果我們投下贊成脫歐的票，」他大喊著：「這個星期四就可能將是我們國家的獨立日。」

孔維奇卡跟強森或許看似不像湯瑪斯·傑佛遜（Thomas Jefferson）、莫罕達斯·甘地（Mahatma Gandhi）或喬莫·甘耶達（Jomo Kenyatta）的繼承人，但他們倡導的抑制與排外的主題，很能夠讓人直接聯想到以前的反殖民運動。「被殖民的世界是一個被分成兩半的世界……被兩種不同的物種棲息。」法蘭茲·法農（Frantz Fanon）在他的書中《大地上的受苦者》（*The Wretched of the Earth*）中講述，這本書在一九六〇年代也成為去殖民化（Decolonization）運動的聖經。[3] 他在書中談到，殖民社會裡的多數本地人跟菁英份子生活在不同區域、擁有不同文化跟經濟狀況，呈現分裂的世界。他同時也討論到本地人因為感到不受尊重、被邊緣化、被無理與歧視對待而導致的情緒耗損。

自由的號角在過去幾十年間響起，激起了各種國家的自由運動，召喚出了許多擁有自主權的新國家，讓世界地圖變得更破碎。❹ 而在二〇一六的六月十二日，鮑里斯．強森號召了第五波的去殖民化浪潮，不過這個浪潮不同以往的是：這是一個國內去殖民化的過程。這是一場意圖將「本土」的大多數人，從他們所感覺到的來自大都會菁英的掌控、以及這些菁英所帶來的外國移民人口中解脫的行動。而這樣的分裂脫離意圖，很快的也被希望留在歐盟的英國人模仿，因為他們也同樣希望自己能夠與脫歐公投所產生出的，那些找尋獨立的新型精英份子分離。蘇格蘭民族黨（Scottish National Party）也在脫歐公投後，將蘇格蘭獨立議題重新搬上檯面。在脫歐公投後幾天，一個請願倫敦獨立的連署也得到令人不可置信的十七萬五千份簽署。連結世界當中的悖論之一，就是幾乎所有人都可以發出任何聲音，而這些聲音也都能找到與自己想法類似的政治社群。當世界愈來愈被連結在一起，世界也同時愈發分裂。同時間，連結也讓國內各個選區有理由去嫉妒對方、害怕對方、跟對方發生爭執，因此連結也讓紛爭開始在國家**內部**增長。

被動員的少數與受威脅的多數

工業時代，政治等於試圖在有著明顯分野的階級間，找到分配財富的方法。在大量的勞工運動從工廠集結的同時，在中產階級與資本階級的擁護下右派的政黨從教堂之間誕生。當國家內部的媒體開始獲得聲量，就變成了面向不同的各個政黨爭奪權力的戰場。社會學家曼威・柯司特（Manuel Castells）認為：網際網路讓不同身分認同與不同價值觀的團體能夠集結，創造出新的政治面貌；[5] 也正因為小眾或大眾群體都能夠以這種新方式集結，新的「去殖民」浪潮因應而生。

二〇〇二年，由約翰・朱迪斯（John B. Judis）與魯伊・特謝拉（Ruy Teixeira）共同撰寫的書《新興的民主多數》（*The Emerging Democratic Majority*）中提到，在美國，日漸壯大的亞裔、西班牙裔、與非裔人口的數量，正逐漸超越日漸萎縮的白人人口，這項數據也打醒了美國民主黨

（Democratic Party）的策略家。[6] 民主黨照著這個劇本，讓歐巴馬與拜登贏得多數的選票。但同樣重要的是，也是起因於這個新的人口樣態，使得白人人口受到刺激，製造出反向動能，幫助川普贏得二〇一六年的大選。這正是新型政治現象強而有力的例子，也是表現得跟少數群體一樣的多數群體：「受威脅的多數人」的動員。法國極右派學者雷諾・加繆（**Renaud Camus**）在他具有影響力的書《大取代》（*Le Grand Remplacement*）中描述了這個現象。他在書中警告法國的歐洲人口，在一到兩個世代以內，因為移民以及生育率的差異，會被可見的少數群體取代。他的右派訊息在世界各地得到迴響，從波蘭到美國，都有居民抱怨他們感覺自己在國家中逐漸成為「陌生人」。二〇一六年十一月九日，當川普當選時，在他的演講中承諾：「被我們國家遺忘的男男女女，將不再被遺忘。」同時他也將自己任命為「大地上的受苦者」的發聲者，替感覺自己被反向殖民的白人人口代言。[7] 歐洲帝國在殖民時代可能征服與利用了大半個南半球，剝奪全世界上百萬人的人性以及公民權，但現在，全球化反而導致這些生活在過去殖民主義中心的人被奪走公民權。

被連結的身分認同政治（Identity politics），目標不會是去說服人們改變想法，而是找到認同自己想法的人，同時將辯論塑形成自己代表了大多數人口。藉著使用精準投放（Microtargeting）與大數據，政黨不用再依賴大型造勢活動，轉而直接依照個人喜好規劃訊息與收訊之人。但「劍橋分析」的醜聞揭露了更高層的野心：除了吸引人們的目光，還要吸引人們的心理。他們的目標是要駭進人們的腦袋裡面，在人們的意識後方操弄人們的行為。雖然劍橋分析的員工後來承認當他們在推銷自己的服務時，所稱能做到的事早已超過能耐所及，但他們的野心所指的方向，與政治演變的方向，還有發展中科技的目標完全一致。

然而風險在於藉由假新聞、社群媒體、大數據、煤氣燈效應（Gaslighting），政黨放棄說服人們，進而開始操弄人民。深偽技術（Deepfake）讓操弄影片更容易、人工智慧也不再需要人類的協助，能夠快速的增進自己撰寫具有說服力的論證的能力。當科技研究人員試驗像馬斯克開發的 Neuralink 這種直接植入人類腦袋的電腦時，人們也開始擔心程式設計師們是不是有可能跳過我們的意識，直接操弄我們的情緒？[8]

羞辱與無能為力

有些人宣稱這種新的去殖民化運動，回應了全球化固有的收入不均現象。他們討論知識經濟、機器人的崛起、製造業的殞落、貿易與移民的湧入，是如何伴隨安全網的限縮，讓許多人的生活狀況每下愈況。而這也是各種強烈反對世界主義（Cosmopolitanism）以及文化改變現象的解釋可能之一。[9] 我們連結的世界裡，許多對於經濟層面不滿的核心其實都與文化息息相關。大衛・阿伯內西（David Abernethy）的權威殖民經驗歷史，展示了歐洲帝國是如何藉由跨國移動資本、科技、人口，重塑了被殖民地的經濟、政治制度、甚至價值觀。「殖民政策在殖民地遺留的，」他解釋：「是面對外部經濟與科技改變呈現高度脆弱的狀態。」[10] 換句話說，很常發現被殖民國到其經濟發展模式，因為遠方國度的決策被徹底改變。此類反覆無常改變的重大指標之一，就是歐洲國家對於殖民地國家的命名，這些地名通常與當地的習俗無關，反而更關於歐洲想要在這邊種植或取得什麼資源有關，比如：鱈魚角（Cape Cod）、米納斯・吉拉斯（Minas Gerais）★、阿根廷（Argentina）★、里奧・德・奧羅（Rio de Oro）★、黃金海岸（Gold Coast）、象牙海岸（Côte d’Ivoire）。[11] 但民粹主義者宣稱這些情況如今被反轉，西方本土居民正在承受這些無法控制的經濟動力之影響。

包里斯．強森在倫敦的中心宣示說他要引領「獨立運動」的舉動，特別能夠與這個轉變產生共鳴。倫敦是孕育了世界上最大帝國的城市（根據一位歷史學家所說，全球只有二十二個國家不曾被英國入侵⑫），建立帝國的過程也建立起連結的世界。歷史學家艾瑞克．霍布斯邦（Eric Hobsbawm）令人信服地書寫英國如何透過工業革命以及帝國本身，將世界經濟建立在大英帝國之上，或甚至圍繞大英帝國建立。⑬雖然大英帝國已經消逝，倫敦卻依舊維持世界中連結之最城市的地位，它有著最高的寬頻使用率⑭、數量最多的國際航班⑮、以及世界上最大的國際貿易市場⑯。然而脫歐公投顯示：當今的英國國內人民，並不認為他們繼承了全球經濟殖民者的地位，而是將自己視為「被殖民者」，被來自倫敦的大都會精英統治。正如法農對於殖民世界的描述一樣：「統治階層來自他方的外來者，與本土人口大相徑庭。」

★葡萄牙語的礦產與木材。

★西班牙語，銀色的。

★西班牙語，金河。

在英國對於歐洲的辯論中，大多數論點都圍繞在移民議題上，也顯示了新的精英族群與被取代的大多數公民觀點的不同之處。對公司領導人與專業階層來說，移民帶來的只有益處：移民帶來了條件更好、更辛勤工作、工資更低廉的員工，同時也替本地人帶來更豐富的文化。然而，雖然移民替英國整體經濟帶來益處，許多人民卻認為自己沒有分享到任何好處。各個吸引移民湧入的區域，其住宅區內並沒有人提供他們更多住所、學校或者醫療資源，但在某些地區與部門內，比如工地中，薪資卻出現下行壓力。

其他國家也有類似的雙重經濟、雙重社會的經驗。川普利用與中國的貿易關係，或墨西哥的移民議題藉以象徵美國岸際都市菁英與白人社群的分野。我們也在第一章中看到，中國的議題是如何在美國被當作有效的驅動力。

由地理學家克里斯托夫．吉爾盧（Christophe Guilluy）撰寫的暢銷論文《外圍的法國》（*La France Périphérique*），敘述了法國內部兩股互相抵抗的勢力。一方面，都會區成為全球化的光鮮案例，充斥著管理階層與辛勤工作的移民們；但另一方面，國家中佔總人口數六成之多的多數人口，生活在中小型城鎮，享受不到全球化所帶來的益處。

歐元區內像希臘、西班牙這樣的國家，明明承受銀行危機與歐債危機所苦，但他們的政府卻發現自己沒辦法回應當地選民的需求，因為他們得聽從國際領導者的指令。[17]當柏林擔下設計紓困的角色，這些受歐債所苦國家中的左派政黨領導人，便開始抱怨自己的國家淪為「德屬殖民地」。

像匈牙利與波蘭這樣的東歐國家，即便沒有使用歐元，也感受到自己因為德國的供應鏈成為周邊國家。二〇一七年，波蘭的總理馬特烏什・莫拉維茨基（Mateusz Morawiecki）稱國際的投資人為「殖民者」，並指稱波蘭因為加入價值鏈（value chains），已經淪為德國的經濟殖民地，不僅陷入了低技能經濟體的困境，所有的獲利也都被送回其他國家境內的總公司中。[18]

操控這些「獨立運動」的意圖除了跟金錢有關，也跟受損的自尊心有關。在這個過度比較的年代中，受挫的人民看到其他國家的人繼續朝成功邁進時，更加感覺失去對自己未來的掌控。

連結支持者修正了評量「進步」的標準，讓各種數據符合他們對連結世界的抱負，然而這樣的作法卻也讓我們看不到這個連結世界中的輸家。國際主義者常常試著以國家或地球為整體來搜集數據，這樣的方法也被用來生成全球 GDP 成長或是國際碳排量等數據。觀看這種集合數據，我們可以指稱全球化對世界有益，對置身其中的全部國家來說也是。[19] 然而集合數據卻隱藏了好處並非被平均分配的事實。

一九七九年，美國全國百分之一的人口每年賺取市場總收入的百分之十二，到了二〇一六年，同樣的人口卻賺取市場總收入的百分之二十。收入較低的半數美國人口，在一九七九年還能分得市場總收入的百分之二十，到了二〇一六年，只得到市場總收入的百分之十三。[20] 如果以平均來說，每個人的收入確實增加，然而若要說貧者愈貧，也同樣是事實。同樣的曲解也出現在氣候變遷議題，因為污染這種負面影響，也並非平均分佈於全球。

透過經濟發展希望生成連結世界的渴望，與其平行的，是更早之前想要發展共同語言的意圖。世界語（Esperanto）的創始人試圖將世界中最受歡迎的語言結合，創造出一個共通語言。然而，即便他們的出發點高尚可貴，最終產生的成果卻是一個斷根，又比組成元素字詞本身更不具表現力的語言。創造出「世界經濟（Esperanto economics）」後果也類似，多數關於經濟進步的數據都與市井小民的生活體驗脫鉤。這讓經濟體當中的贏家難以理解輸家感受到的困境，更進一步引起輸家對於贏家的厭恨。發現自己生活水平出現停滯已經夠糟糕，何況還得意識到自己是世界輸家呢？

和平的文化 vs. 非和平的文化

包里斯．強森的脫歐造勢將自己定位成一個獨立運動，但脫歐除了是一個脫離之舉，其實也是一項攻擊。一位民調專家向我轉述她贊成脫歐的調查小組在訪談時發生的一段對話。「你不相信英格蘭銀行（Bank of England）與國際貨幣基金組織（IMF）所警告的經濟危機嗎？」她這樣問一位在北英格蘭的選民。「我當然相信。」對方回答：「但那是他們的經濟，不是我的。現在是時候讓在倫敦的人知道，遇到經濟挫折的感受是什麼了。」對某些人來說，他們的目標就是名副其實的將連結變成武器，或者是將在連結中缺席變成一項武器，以懲罰社會當中的其他群體。

這也反映在政治人物治理方式的轉變上，他們從和平時期的心態轉變到被非和平重塑的心態。我在我的智庫執行一項超過六萬名來自歐洲各地選民的票選活動時，發現了這項轉變。㉑ 即便歐盟身為世界上最成功的和平建構計畫，票選的結果卻顯示：橫跨歐洲各地，十個人當中有三位（百分之二十八）相信歐盟內部的國家對彼此宣戰的機會極高。更令人感到驚訝的是，歐盟國中多數年輕人也都同意這個可能性。

歐盟成立是建立在良知、理性、邏輯，以及相信合作會締造雙贏局面的信念之上。而對事實、常識的共識，是做出理性決定的核心元素。在這個世界中，產出數據本身就是建構和平的行動，數據存在的目的就是要證實共同事實的存在。㉒ 然而我們的問卷卻顯示這個共識在當今的歐洲已被侵蝕。

我們的民意調查囊括了大約有半個歐洲的投票人口，一億八千七百萬人，還生活在歐盟和平計畫中。他們認為歐盟國家之間不可能發動戰爭，這些「反戰份子」相信事實以及合作的力量，而他們也將選票投給贊成歐盟的政黨。另一半人口帶著戰士的價值觀活在歐盟中。在他們的世界中，事實與知識比不上情緒、力量、動員性、與承諾來得重要。㉓

快速發起活動與迅速的回覆，已經比小心翼翼、花費時間評估其他可能性，或謹慎建構對於事件的回覆來得更重要。這並不是像以前的「戰爭」一樣有兩方軍隊面對彼此，而是一個長期的、持續的紛爭，同時，侵略者與平民角色的界線已經不復清楚、戰爭的目的也不再是為了領土，是為了贏得「人心」。

這些在已開發國家中發生的政治形式上、內容中、與節奏的轉變，已經改變了國際關係。當政治的中心是獨立、憤怒、與控制的時候，各國也開始選擇關閉國界、限制自由貿易、同時將權力從國際機構手中重新奪回。結果，各個國家沒有利用自由貿易以及互相合作來解決疫情或氣候變遷等全球議題，反而，各個國家都爭著想要比別人搶先一步，從愈來愈小的國際利益大餅中得到更多甜頭。與其朝著世界大同邁進，連結打開了競爭以及恆久非和平時代的大門。

4

連結中的地緣政治：為何國家彼此較勁而非共同合作

自由主義者相信，國與國互相依賴確實會讓傳統戰爭更不可能發生；但壞消息是，誠如現實主義者所擔心的，互相依賴會讓國家之間更容易發生衝突。

The Age of Unpeace:
How Connectivity Causes Conflict

伊朗的學生大喊著「美國滅亡！」、佔領在德黑蘭的美國領事館，已經是四十年前的事了。當時他們挾持了數十個美國人長達四百四十四天，這項人質危機成為美國建國以來，在外交政策上最受羞辱的一次挫折。雖然人質最終在一九八一年初，因為兩國談判達成協議而獲得釋放，領事館至今卻依然維持關閉。

今天，當時的領事館大樓成為了伊斯蘭革命衛隊的訓練中心。在何梅尼（Ayatollah Khomeini）以及「革命烈士（Martyrs of the Revolution）」的紀念館旁邊，有一個「美國間諜老巢（Den of Espionage）」博物館，致力於保存美國背信伊朗的記憶。在二〇一四年的某個溫暖的下午，我在一位年輕革命衛隊成員的帶領之下參觀了博物館，他告訴我美國文化的邪惡，同時也巨細彌遺的告訴我在好萊塢改編佔領領事館事件的電影《亞果出任務》（*Argo*）的各種錯誤。他們保存了各種美國帝國般行為所留下來的遺物：痛苦的重新拼湊已被碎紙機碾碎的高機密文件、陳列出各種錄音裝置、房間大小的大型電腦、還有美國在人質危機事發當時，在拙劣救援行動中墜毀的直昇機殘骸。原本用來引導賓客進到大使館的宏偉樓梯，如今被噴漆藝術家以圖像重建美國的外交政策，包括了一九八八年伊朗航空的六五五號班機空難、於二〇〇一年世界貿易中心（World Trade Center）的攻擊行動、入侵阿富汗與伊拉克的行為、以及在關塔那摩灣（Guantanamo Bay）與阿布格萊布（Abu Ghraib）的軍事監獄。

整棟大樓像是時空膠囊：一個充滿過時科技用品的時空錯置空間。由於伊朗需要一個外來敵人以凝聚人心，這棟大樓被保存成一個開放的傷口，隨時隨地提醒人民當時所受的傷痛。然而，今日的伊朗人由於面對著近期來自高科技的壓力，已經不再那麼在乎美國稱霸的老舊敘事。由於華盛頓利用對美元的掌控，將全球八億三千萬人口排除在國際金融市場中（我們在下一章會更加詳述），在博物館的入口，你沒有辦法用簽帳金融卡或是信用卡購買入場券，更遑論在伊朗境內用金融卡或信用卡購買任何東西。如我的嚮導這般年輕的革命份子，對於伊朗成為以色列與美國間，第一個網路戰目標感到憤恨不平，而這個網路戰的攻擊，時至今日都還是困擾著伊朗。

正如先前提到卡爾·馮·克勞塞維茨著名的稱戰爭是政治延續的「另一個手段」，今日在中東被使用的「另一個手段」，正是連結本身。伊朗境內，因為兩千年前就建立起什葉派（Shia），身分認同與絲路所建構起的歷史，人口藉由朋友、親屬與世界各個角落的人產生連結，而同一時間，年輕人口也已擁抱科技革命。今日，或許跟其他國家一樣，伊朗發現自己處在非和平時代的中心，是撕毀世界連結衝突中的掠奪者，也是受害者。伊朗的情勢為我們展示了連結是如何在全球當中創造衝突，也顯現全球化的連繫以及科技革命，是如何提供德黑蘭以及他們的敵人，擁抱衝突的原因與機會。從伊朗的困境，我們可以看到連結是如何讓衝突變得更便宜；如何製造並且助長苦難；如何創造出一個權力平衡，讓這其中的弱者與強者都想要製造衝突。

互相依賴與衝突

政治家與學者已經花了數十年，討論究竟國家之間的互相依賴會停止戰爭發生，還是會製造出更多戰爭。而中東國家的人們，提供了這個討論一個活生生的例子。[1]

自由主義者，從十八世紀的伊曼努爾・康德（Immanuel Kant）傑出的論文《論永久和平》（*Perpetual Peace*）中，就開始論證經濟上的互相依賴會推廣和平。開放市場移除了歷史上製造戰爭的最重要元素：取得原料以及找尋市場的需求。若說國家可以透過貿易取得所有的東西，為什麼還需要發動戰爭呢？再者，貿易的過程當中，也會讓不同國家的精英能夠建立深厚的友誼，讓彼此都覺得比較不被孤立，而一旦這個友誼被建立，雙方都有夠強大的利益，足以驅使他們遊說自己的政府不要走上戰爭一途。而所謂的「戴爾和平理論（Dell Theory of Peace）」，也說明兩個國家，只要都處於類似戴爾（Dell）這樣的公司的供應鏈中，彼此之間就不可能發動戰爭，因為後果不但代價太過高昂，也太具有毀滅性。❷自由主義者同時相信國際組織的力量，相信這樣的組織能夠發展出自己的生命，並且推廣彼此之間的共同利益。也是這種想法，讓英國、法國、德國政府在伊拉克戰爭的混亂發生之後，提議利用外交手段來化解伊朗核彈危機。當時，在二〇〇五年，他們並沒有與德黑蘭開戰，而是嘗試將德黑蘭融合到全球經濟體裡，藉此將想要擁有核武的理由一筆勾銷。他們希望這種和緩情勢的邏輯，能夠取代地區性的武力競賽。

但在另外一面，所謂的「現實主義者（Realists）」卻聲稱國家之間的連結會製造彼此之間的不安全感，進而讓衝突更有可能發生。政治經濟學家阿爾伯特·赫希曼（Albert Hirschman）在十多年前也早已指出：貿易關係為雙方所帶來的利益很少是平等的，而這樣的不平等會製造出緊張情勢。有時，在貿易關係當中的弱勢方會擔心貿易連結會改變彼此之間的權力平衡；❸有時候貿易關係會偏袒其中一方，以致另一方即便放棄這樣的貿易，也不會有太大的損失。而有些領導人也曾經用過武力擴張，讓自己得以從依賴對方的關係當中解脫，或藉由武力貿易來刺激國內需求。❹再者，維持和平或者宣戰，也並非由經濟部或者私人公司的影響來決定，所以即便經濟部或公司們不希望國家走入戰場，他們意見可能也不會被政府採納。❺這點能夠從伊朗國內的運作模式看出端倪，因為伊朗境內不同的權力是用不同的邏輯運作的：花時間與歐洲人協調核武議題的外交官，對於在地區內帶領輔佐軍隊運動的革命衛隊完全沒有掌控力。而同時，也是因為害怕一旦伊朗的經濟體與西方的經濟體糾纏在一起後，伊朗會受到西方經濟體勒索的可能性，使得伊朗的強硬派在每一次的核武協調當中做出阻撓。

近期的觀察研究替這些戰爭、和平、與連結的不同理論間的辯論帶來了新氣象，因為研究發現，雙方都是對的。正如自由主義者所論證的，互相依賴確實讓**傳統戰爭**更不可能發生。但壞消息是，誠如現實主義者所擔心的，互相依賴也讓國家之間更容易發生**衝突**。美國政治學家艾瑞克．加茲克（Eric Gartzke）在經過了數十年，研究了超過十萬個在一百五十個國家之間所發生的政治、經濟、軍事衝突之後，做出了以上的結論。❻

加茲克將國家之間的衝突比喻為膽小鬼博弈，就像電影《養子不教誰之過》（*Rebel Without a Cause*）中，詹姆士．狄恩（James Dean）跟柯瑞．艾倫（Corey Allen）一樣：雙方都知道如果彼此直接碰撞，會造成萬劫不復的後果，然而如果你的對手先認輸了，你便會有利可圖。因此雙方都開始找方法去證明自己不會讓步，以增加自己的可信度，同時增加對方重新思考的可能。在核武年代，軍事對抗所帶來的危害非常巨大，而在今日，幾乎沒有人會願意給出傳統戰爭所需要的犧牲。因為戰爭的代價是如此高昂，沒有任何一個國家會因為小小的不滿就發動戰爭。然而危險就在於：這些不滿將會慢慢的累積，直至這些不滿對全部人來說都重要到足以發動戰爭。而這就是互相依賴成為要角的時刻了。如果兩個國家之間有數個經濟連結與情誼，他們便有機會能夠在不走入戰爭的情況下，宣洩他們的不滿。加茲克說，操弄互相連結是在對談與戰爭的兩極之間的「中庸之道」，在各種不同的小議題當中，既降低武力衝突的可能，又同時製造非武力的衝突。正是因為戰爭的代價是如此高昂，各個國家才會找尋更便宜的方法來對彼此發動衝突。而兩個國家之間的連結愈是深厚，發動衝突的機會就更多。

因此，若說加茲克的數據是正確的，康德所指出的「永久和平」的伴侶，就會是永久衝突。當我問他這樣的推論是否正確時，加茲克同意了。他將互相依賴類比成類似感恩節大餐這樣的家庭聚會：當人們的距離拉近之後，一段時間內，雖然會增進愛的生成，但通常也會帶來緊繃的情勢。將國家連結在一起，不只會創造出和諧，也讓衝突發生的機會與原因倍增。雖然我並不認為中東國家內有許多人在慶祝感恩節，但中東卻是一個愈來愈多人發現自己與其他國家愈發緊密連結的區域。而這些連結所導致的緊繃情勢，偶爾會導致令人痛心的戰爭發生。然而，雖然通常是戰爭的消息出現在新聞頭條中，彼此敵對的狀況生成最嚴重的地方，卻是加茲克所指出的和平與戰爭之間的灰色地帶。

低成本衝突

在一九八〇年代，新聞中每天都看得到伊朗與伊拉克之間血腥的戰爭畫面，那些衝突畫面讓人聯想到第一次世界大戰：壕溝戰、鐵絲網、槍上的刺刀、有人駐點的機槍哨與毒氣攻擊。在當時，有五十萬伊拉克與伊朗的軍人死亡。這個衝突非常罕見的將冷戰的兩個對立方，美國與蘇聯，聯合在一起，共同資助伊拉克的暴君薩達姆·海珊（Saddam Hussein）購買軍火，以對抗伊朗的革命政權。被這場破壞性極高的戰爭摧毀之後，伊朗發誓要避免更多的大型衝突。而美國介入將作惡多端的薩達姆·海珊、以及將駐點在阿富汗的塔利班政權彌平，也大大的增加這件事的可行性。

隨著冷戰的結束，人類終於又再次讓軍事衝突發生，卻又不至於因為核戰導致世界末日。當蘇維埃帝國解體時，一系列的衝突在南斯拉夫以及後蘇聯政權的境內發生、許多新興國家開始誕生。而西方國家漸漸發現自己為了要避免種族屠殺、阻止大型破壞性武器流動、或讓武器流通到恐怖份子手中，而身陷各種「小戰爭」中。回到二〇〇三年，當美國與歐洲正在激辯是否要推翻薩達姆·海珊時，許多好鬥的新保守主義者會開玩笑的說：「懦夫才入侵伊拉克，真正的男人會去伊朗。」然而隨著時間過去，大家才發現他們在阿富汗與伊拉克戰爭花費了幾兆美元，一點也不是小數目。因而，各個政府開始找尋更便宜的方式來對付伊朗。

在華盛頓與其他西方首都，許多政府都開始找尋不動用地面部隊的介入方式。同時，俄國也創造出了新的、不構成戰爭的介入方式，啟發了中國以及許多中東國家發展出類似於俄國的手段。像蘭德公司（RAND）與戰略與國際研究中心（CSIS）這樣由研究核武、預防性戰爭（preventive war）、人道干涉（Humanitarian intervention）起家的智庫，如今都產出與混合戰爭（Hybrid warfare）相關的報告，以羅列強權是如何在戰爭與和平之間的灰色地帶爭奪權力。❼ 他們列出的策略有：干擾選舉、散步假消息、假新聞、網路攻擊、無人機攻擊與金融干預。

當時伊朗是第一波網路攻擊的目標，而這波攻擊時至今日還在延燒。當時伊朗快速發展他們的核武計畫，而且就要達到「核能力（Break-out capability）」：意即他們即將要擁有夠多的原料與技術，一旦他們達到核能力，完成核能武器的意圖將勢不可擋。然而，在二〇一〇年，災難在納坦茲（Natanz）的核能廠降臨了。將近三千個離心機在三個月內相繼爆炸，導致整個計畫落後好幾個月。在人們心中所造成的效應更甚：團隊內部的人開始懷疑團隊當中有內鬼。而在全國上下，伊朗人也開始對自己國家能力失去信心。這場災難的起因，是一個名叫「震網（Stuxnet）」的電腦蠕蟲，利用了廠房內使用的西門子（Siemens）作業系統的弱點所致。在二〇一〇年，大家發現這個據稱是以色列與美國共同執行的網路攻擊，讓伊朗的核彈計畫落後了兩年，而這樣的落後程度，是比被空襲攻擊所致的落後還要更嚴重的。在當時，這整起事件實在太過新穎，以至於沒有人意識到這是一項軍事攻擊。這整個攻擊存在於戰爭與和平之外，既不是一項平凡的交易，也不足以構成戰爭。這個事件象徵了戰爭與和平之間的灰色地帶，而這個灰色地帶，也同時重新定義了中東地區地緣政治的特色。

當德黑蘭回過神來，意識到發生什麼事時已飽受創傷，而掌權者發誓要發展出自己在灰色地帶內發動攻擊的能力。他們的起始點是強健伊朗本身的系統，讓他人更難滲透。像許多中東的國家一樣，他們採用中國的使用說明書，藉此發展出讓人敬佩的網路審查以及監控的基礎建設：他們建立起過濾掉外國勢力訊息的濾網，同時間也限縮了伊朗人聚集的機會。[8]在震網攻擊後不到兩年內，伊朗就對美國重要基礎建設發動了自己的網路攻擊。[9]雖然大多數伊朗所發動的攻擊都針對沙烏地阿拉伯或以色列這樣的對手，但他們對美國的攻擊任務中，就包括了燕子任務（Operation Ababil）（也被稱之為馬赫迪（Mahdi））。這項任務在二〇一二年鎖定攻擊美國金融部門以及紐約的水壩；攻擊了拉斯維加斯的金沙酒店（Sands Casino），導致四億的損失；以及不斷地試探美國的供電網路的能耐。[10]

伊朗人很常開玩笑說自己的國家在地圖上看起來很像一隻波斯貓，而這可能正是為什麼許多頂尖的伊朗駭客都會使用貓科的名稱來命名。比如說像螺旋小貓（Helix Kitten）跟火箭小貓（Rocket Kitten），這兩個團體都被指控對沙烏地阿拉伯、以色列與美國的防禦公司、金融服務機構、能源團體、水電供應系統作出攻擊。其中一個團體，迷人小貓（Charming Kitten），在二〇一七年駭進了娛樂團體HBO的系統裡，釋出了還未公開播放的《冰與火之歌》（*Game of Thrones*）的集數，並拒絕付出賠償金。兩年後同個駭客團體又被微軟指控，說他們嘗試干涉川普於二〇二〇年總統大選的競選活動。[11]

但比迷人小貓更引人注目的，是謠傳為這個身分背後的操控者——莫妮卡．埃爾弗里德．維特（Monica Elfriede Witt），她雖然出生於一九七九年，美國在德黑蘭的大使館被佔領的那年，但並非出生於伊朗伊斯蘭革命家庭。她出生於德州厄爾巴索（El Paso）的一個平凡基督教家庭中，而在她於一九九七年加入空軍之前，中東在她的生命裡沒有佔太多的比例。因為她的兵役，她受訓成為一位語言學家，專攻波斯語、通過了最高層級的身家調查，並被派遣出勤隱蔽情報的任務。在伊拉克戰爭之後，她獲頒航空獎章（Air Medal），由美國總統喬治．沃克．布希（George W. Bush）頒獎，同時也因為她優異的表現，獲頒了更多其他的獎章。她在二〇〇八年結束服役之前，駐點於沙烏地阿拉伯、卡達與伊拉克等地。但在二〇〇八年之後，她離開空軍，攻讀了碩士學位，皈依伊斯蘭教，開始譴責許多她在軍中服務時所看到的事，包括她所敘述的「無人機襲擊、法外處決、與對孩童施以暴行。」。在二〇一三年，她出現在喀布爾（Kabul）的伊朗大使館，決定全盤供出，同年稍晚，她叛逃至伊朗。從那時開始，她就替伊朗革命衛隊工作，攻擊她的前同事。利用假的雅虎電子信箱跟 Facebook 帳號，她嘗試在他們的電腦裡面植入惡意軟體，意圖藉此捕捉他們鍵盤中的動靜、取得他們內建攝影機的使用權、以及監控他們的一舉一動。二〇一九年，在美國法庭中，她被指控兩項間諜行為，而她沒有出庭。[12]

她的叛逃是德黑蘭從網路攻擊的受害者轉變成掠食者的最顯眼象徵。從二〇〇五年開始，已經有三十四個國家有資助網路攻擊的嫌疑；美國外交關係協會（Council on Foreign Relations）指認說中國、俄國、伊朗、北韓資助了全球四分之三的嫌疑行動。[13] 伊朗最近的困境也顯示出在這個世紀當中，國際關係的轉變是多麼的劇烈：伊朗在二十一世紀的衝突的樣貌，與兩伊戰爭時的樣態截然不同。現在的伊朗利用全球化的基礎建設，將衝突建立在連結周邊。

苦難製造工廠

美國間諜老巢並不是德黑蘭境內唯一反美的政治宣傳。從一九七九年的伊斯蘭革命開始，反美的情緒一直都是伊朗身分認同的一部份。然而，從我許多次造訪伊朗，與年輕的衛隊成員，以及其他伊朗人的談話當中，我發現他們對於反美的煽動用詞，開始有種照本宣科的樣子。現在伊朗人更深切的憤怒，已經轉移到離他們更近的敵人身上：沙烏地阿拉伯。分隔德黑蘭與利雅德（Riyadh）的海灣，比伊朗與美國中間的海洋窄得多，因此，即便伊朗跟沙烏地阿拉伯已經中止了任何外交關係，彼此之間的貿易活動也維持在非常少的數量，他們還是因為身處在鄰近區域的事實，而無法完全避免與對方接觸。這兩個國家注定會以各種不同的方式與彼此產生摩擦，而這個親密的共存關係，已然成為一座製造苦難的工廠。

中東地區的地緣政治，已經因為我們於前兩章討論過的各種發展而轉型。這種新的部落主義、受害者心理、以及想要得到控制權的渴望，在伊朗，跟在英國脫歐、川普崛起中，都扮演著同樣重要的角色。近年來，認同政治已經取代了如泛阿拉伯主義（Pan-Arabism）與國族主義，這種相較更普世的身分認同。而在所有重新浮上檯面的部落身分認同當中，最關鍵的就是什葉派與遜尼派（Sumni）的分裂了。這些曾經在冷戰時期被權威領導者壓迫的宗教教派身分認同，在阿拉伯之春（Arab Spring）之後，重新帶著復仇的目標回到舞臺，同時也被伊朗以及沙烏地阿拉伯的政權操弄。

為了親眼見證，我從德黑蘭往南走了一百哩，抵達全球什葉派宗教運動的精神首都，庫姆（Qom），這裡也是波斯人與各地什葉派阿拉伯信徒的平和之地。庫姆的街道充斥著上千百個從世界各地來的學生與宗教人士，穿著黑袍與白色包頭巾，這些朝聖者在宗教建築的圓頂與尖塔底之間熙攘來去，將市井小民的生活，與學生、朝聖者的生活融合在一起。在距離絕美的法蒂瑪聖陵（Fatima Masumeh）以及著名的神學院不遠的地方，是一條充滿著阿拉伯商店、住宅以及雜貨店的街道。「這邊就好像中國城一樣。」一個住在庫姆的年輕波斯人跟我說：「只是這邊都是阿拉伯人。」這條被當地人稱為「阿拉伯街」的道路，是在其他阿拉伯世界中被迫害的阿拉伯什葉派信徒的避難所。這個城市，藉由他們的獎學金、宗教驅使的慈善事業以及公共傳播，是伊朗領導者願景的體現，而也是這樣的野心，讓德黑藍動身保護位處於納傑夫（Najaf）、沙馬來（Samarra）、卡爾巴拉（Karbala）與大馬士革（Damascus）的什葉派宗教場所。

而當伊朗將自己任命為全球什葉派之首時，沙烏地阿拉伯也開始大力著重於自己成為遜尼派信徒的主要守護者的志向。每當我造訪利雅德，不管是與沙烏地王子們、內閣、或者是石油部的技術官僚談話，我都發現伊朗與沙烏地阿拉伯對彼此敵對的感受是共通的。當沙烏地阿拉伯遇到任何挫折，都會想到伊朗的穆拉（Mullah）在背後指使的邪惡想法，同時，所有人也都活在被他們的波斯鄰居勝過的恆常恐懼心理當中。

由於德黑蘭並沒有意圖要發動傳統戰爭，他們便轉而使用網路攻擊、文化紐帶（Cultural ties）、代理民兵（Proxy militias）來增加自己在區域內的影響力。當面對沙烏地阿拉伯所帶來的困境時，伊朗便向其他親什葉派的國家求援，這其中包括：伊拉克、黎巴嫩、巴林、葉門、以及最明顯的對象，敘利亞。伊朗花了估計約一百五十億美元的費用，來支持親伊朗的敘利亞政治家巴沙爾·阿薩德（Bashar al-Assad），並在二〇一一到二〇一四年間派遣了大約一萬名特務到敘利亞境內。而這些數字還不包括德黑蘭暗地裡支持的非伊朗勢力，根據《華爾街日報》所稱，到了二〇一四年，人數大約有十三萬名人員。[14] 而其中最大宗的投資則是資助像哈瑪斯（Hamas）與真主黨（Hezbollah）這樣的運動。而在伊朗發展自己的網路攻擊能力的同時，他們也將網路納入了他們支持反抗運動的一部份。伊朗在他們想要爭取影響力的國家當中，投資了一系列的網路代理人，比如：網路真主黨（Cyber Hezbollah）、網路哈瑪斯（Cyber Hamas）、敘利亞電子軍（Syrian Electronic Army (SEA)）以及葉門網軍（Yemen Cyber Army）。他們已經對以色列國防軍（Israeli Defence Force）等伊朗的敵人發動網路攻擊，也涉入了散播假消息的活動中。

伊朗同時也發動了一連串顯而易見的攻擊，以干擾對手的連結。許多分析師相信，是德黑蘭在背後主使，讓全球最值錢的石油公司，沙烏地阿拉伯國家石油公司（Saudi Aramco），遭受木馬程式攻擊。這項攻擊在二〇一二年摧毀了大約三萬臺電腦，並且干擾了這間公司進行石油與天然氣貿易的能力。而在二〇一九年，伊朗的無人機又攻擊了沙烏地阿拉伯石油公司的設備，影響了沙烏地阿拉伯石油出口總數的一半之多。而在這些干擾其他國家的活動背後，是由中國以及俄羅斯資助、為了要確保伊朗本國的人民能夠使用網路而建立起讓人歎為觀止的基礎建設。

沙烏地阿拉伯也用同樣的方式回應：他們支持武裝的團體與民兵，以對抗伊朗駐點於敘利亞、葉門、巴林與黎巴嫩和其他地點的代理人。沙烏地阿拉伯也設置了一系列的網軍工廠，在社群軟體上放大跟自己有關的訊息（光在二〇一九年，Twitter 就停用了九萬個被設計來宣傳沙烏地政宣的假帳號）。[15] 沙烏地阿拉伯也加強自己與伊朗的敵人：美國與以色列的連結。在伊拉克以及阿富汗的混戰之後，美國並沒有意圖要攻打另一個中東國家，因此美國用了「除了戰爭之外的所有手段」以減緩伊朗的核武計畫，並且說服伊朗人推翻他們的宗教領袖。伊朗因此受到史無前例的猛烈制裁。在下一章中，我們會討論他們是如何將德黑蘭斷絕於全球經濟之外的。

從某些層面上來說，伊朗與沙烏地阿拉伯所產生的地區性競爭，跟在國際上，華盛頓與北京之間發生的競爭很類似。他們都是彼此摯愛的敵人，而他們彼此之間的競爭也瀰漫在人民生活中的每個層面。而就跟華盛頓與北京一樣，伊朗與沙烏地阿拉伯的競爭愈是激烈，他們就與彼此愈相像。

兩個國家都爭著想拿到當代伊斯蘭國家統治權，而這個位置對宗教與國家的影響都等同甚巨：沙烏地掌管的是沙烏地王朝（House of Saud），而在伊朗，掌權的是什葉派宗教學者的位階。他們兩者都想成為中東經濟的強權。以前，他們在石油市場上競爭；今天他們在比較誰能夠發展出更多元的經濟體系。雙方也都結交了握有民兵，能夠向對方發動代理人戰爭的盟友。

秩序的終結

在第一次世界大戰的百年後，許多人問歷史是否會再度重演。在一九一四年，全球化因為各個強權與對方開戰而破裂。當自由主義的秩序開始磨損、地緣政治的競爭回歸，自然而然的，人們便開始害怕歷史會再一次的重演。但一九一四年的世界與我們這個界線模糊、充滿快速變化與非和平的時代相去甚遠。從西發里亞和約（Peace of Westphalia）開始，定義那個年代的原則，是國內政策與外交政策的清楚分野。各個強權都同意彼此不會干擾對方的國內事務。

但在本世紀的二〇年代，我們所看到正在發生的是完全相反的動態。當今世界所面臨到最大的危機，是全球化很可能因為各個強權不想走向戰爭的事實，而面臨毀滅。因為戰爭的缺席，各個國家轉而操弄彼此之間的連結，導致所有人都認為彼此依賴會創造出自身的弱點。

在這個被網絡佈滿的世界裡，恐怖主義、網路攻擊、氣候變遷、以及難民潮所帶來的挑戰，都消融了內部與外部、內政與外交政策的分野。而戰爭與和平之間，也不再有清楚的區隔。

在真實世界裡，許多國家也透過特殊的勢力，比如「小綠人」（Little green men）、干擾國際水域的海岸警衛隊、透過資助反抗團體以發動代理戰爭，來嘗試戰爭以外的新干擾方式。而這些干擾也被恆常的網路衝突所輔佐，從散佈假消息、駭客入侵或外洩資料、到摧毀核能廠。

許多人希望被網絡連結的世界秩序，會被貨品與服務的流動所定義，而非被權力陣營所決定；同時也被每個人的權力所定義，而非宣戰的國家所影響。他們曾經希望藉由共享主權（Pooled sovereignty）、帶來共同利益的互相依賴、以及宇宙共通的規範，我們會有辦法建構起一個新世界，進而引發一個良性的循環，最終被所有人接受。然而，這些網絡不但沒有讓權力失去意義，反而提供我們建立權力的新工具以及發展實行權力的新技能。

在非和平時代，權力是透過想法、人、貨品、金錢、與數據的流動，還有這些流動所建立起的連結所建立。而在這世界裡，我們可以看到原本有意要將世界聚集在一起的力量，正在分化這個世界。為了好好的了解這個現象，我們必須要更深入的觀察二十一世紀的戰場；我們必須要探索非和平的剖析報告。

第三部

THIRD PART

武器與戰士——如何把連結轉變成武器？

5

非和平的剖析架構：全球化是如何被變為武器

在「非和平」時代。帶著槍砲上戰場不是主要的攻擊模式。經濟制裁、假新聞、國際法律限制、甚至投資都成為有利武器。

The Age of Unpeace: How Connectivity Causes Conflict

土耳其總統雷傑普・塔伊普・艾爾多安（Recep Tayyip Erdoğan）不是一個喜歡卑躬屈膝的人。他出生於擁有五個小孩的貧窮家庭當中，有著如街頭霸王般的言行與個性。他還是學生時，曾經上街販售檸檬汁與芝麻卷，也藉著踢半職業足球賽，賺得了他就讀企業管理學校的學費。當他開始參與政治時，身為伊斯蘭主義者的身分讓他時常受到迫害，曾經因為拒絕世俗主義主管要求剃鬍，失去了在伊斯坦堡交通局的工作。艾爾多安最終因為煽動宗教仇恨而於一九九八年入獄，因為他當眾唸出伊斯蘭詩句：「清真寺是我們的軍營，拱頂是我們的頭盔，宣禮塔是我們的刺刀，而我們的士兵是最虔誠的。」❶在國際舞臺上，因為他一點也不害怕與任何人起爭執，他得到了男人中的男人的名聲。

當我去與他會面時，我們在他替自己建造的，據說斥資六億一千五百萬元、擁有一千個房間的宏偉總統府內見面，他整個人散發著自信，以蘇丹接見外賓的規格對待我。❷他很風趣，且說話直接，攻擊著歐洲對於穆斯林的態度、美國在敘利亞所犯的錯、也對我述說著他與尼古拉・薩科齊（Nicolas Sarkozy）和他的夫人卡拉・布魯尼（Carla Bruni）見面時所發生的事。然而，他唯獨避而不談的話題，是他與俄羅斯總統弗拉迪米爾・普丁（Vladimir Putin）的關係。在我離開之前，他給我看有著他名字縮寫的織花領帶，同時要求他的攝影師捕捉我們握手的模樣。當他們把照片寄給我時，我才注意到照片取景的角度，有意地讓在我上方的總統塔，看起來是座落於他如鍍金般的「蘇丹宮殿」正對面。

普丁沒有出現在我們對談話題內，其中一個原因是，在當週稍早、我們見面的幾天前，艾爾多安總統被迫要展現他個性當中，鮮少在公眾舞臺上揭露的那面：羞辱與懺悔——他向俄羅斯總統發布了道歉聲明。事件的背景是長期在安卡拉與莫斯科兩個政權之間，每當觸及到敘利亞內戰議題時總會出現的爭議。這兩個強韌的領導者在敘利亞內戰中，分別站在不同勢力的背後：普丁支持敘利亞的阿塞德總統，而艾爾多安則援助許多想要推翻阿薩德的反抗組織。當莫斯科增加了他們在敘利亞投入的軍力時，他們開始轟炸土耳其邊境周圍的反抗組織，這其中包含許多由安卡拉政權援助的土庫曼人團體。土耳其軍隊已經對於這件事提出了許多次的抗議，然而都無效。最終，艾爾多安失去耐心，在二〇一五年的十一月，下令將一臺進入土耳其領空的俄羅斯 Su-24 戰鬥轟炸機擊落。戰機墜毀的照片立刻在網路上被瘋傳，復仇的聲浪開始在俄羅斯的媒體以及網路上爆發，莫斯科的示威者對著土耳其的大使館丟石頭砸雞蛋。頗具盛名的俄羅斯政論節目主持人，將轟炸機被擊落的事件比喻為，一九一四年成為第一次世界大戰導火線的法蘭茲・斐迪南大公（Archduke Franz Ferdinand）遇害事件。然而俄羅斯的鷹派領導人普丁，是如何回應人民的怒吼的呢？

他簽署了一則法令，禁止土耳其的蔬菜水果入境，禁止包機以及旅行團往來，同時也取消了土耳其與俄羅斯之間免簽證優惠。

當我與艾爾多安總統於二〇一六年的八月見面時，普丁的回擊已經奏效了。這項制裁的作用非常強大。在二〇一四年，總計有三百三十萬俄羅斯旅客到土耳其旅遊，但在二〇一六年的六月，由政府公佈的數據中顯示，從俄羅斯來的的旅客數量比前一年少了百分之九十二。俄羅斯也曾經是土耳其商品的主要市場，不論從蔬菜到衣服或至是建材都是，同時也是土耳其人或駐點在俄羅斯的創業家們的主要收入來源。在二〇一六年的前四個月，雙邊貿易陡降至二〇一五年同一期的百分之四十五。[3] 土耳其因為遊客、不論小型或大規模的各種貿易：農業、鐵製品、織品，總合起來的損失估計數目約為一百四十至一百五十億。這就是為什麼愛爾多安會因為將飛機擊落，而反常的對莫斯克科道歉，同時希望能夠修補彼此之間的關係。

普丁一點也不害怕動用武力。他曾經派遣軍隊跟武器到車臣、喬治亞、烏克蘭、敘利亞、利比亞。但當面對與土耳其之間的衝突，他向世界展示出，強權之間最重要的戰場並不在空中或陸地上，而是在互相連結的全球經濟基礎建設中：中斷貿易與投資、人口流動、交通連結、國際法律、以及網路。當然，他所動用的手段並非俄羅斯特有的伎倆。事實上，普丁會這麼了解制裁對其他國家的殺傷力的原因，正是因為他在兩年前併吞克里米亞半島（Crimea）時，曾經被歐盟與美國下了禁運令。他知道，這些據稱能夠帶來和平的全球網絡，同時也能搖身一變成為戰場。

經濟戰

雖然制裁、人口驅逐、貿易戰已經出現在世界上有幾世紀之久了，但直到世界被全球供應鏈與美元化的金融系統重整之前，一個國家很難只動用吹灰之力就扼殺另一個國家的經濟。[4] 所有的經濟行為，從貿易、金融、思想、人群，在當代都已經被拿來當成武器使用。更諷刺的是，正是聯邦體制的美國這個將「戴爾預防衝突理論」（Dell Theory of Conflict Prevention）介紹給全世界的國家，最努力地將國際貿易與金融市場轉變成為戰場。

美國的制裁曾經是非常弱的一項的武器，不像俄羅斯對土耳其的制裁一樣有力，而且只對那些直接依賴美國的國家管用。但在世紀之交，美國有一個思想上的革新，使得經濟連結能夠被系統式的武器化，他們利用跨國公司，逐漸改變原先對於制裁的想法從全面封鎖（如一九六〇年代的對古巴策略），轉型成對伊朗、北韓和俄羅斯採取更針對性的策略。根據美國五角大廈的說法，俄羅斯的制裁策略在這種新一代網絡的理解面前，是在關公面前耍大刀。

這項金融戰爭的轉型，由一位最不可能是軍閥的人出手：前財政部官員斯圖爾特．利維（Stuart Levey）。利維是來自俄亥俄州的一位語速快速的律師，他是小布希總統任期中，第一個擔任恐怖主義與金融情報辦公室（Treasury for Terrorism and Financial Intelligence）副秘書長的人。當他剛開始工作時，他參加了自詡為「灰色西裝游擊隊」（Guerrillas in grey suits）的團隊中，而這個團隊在九一一事件之後，依循著金錢流動的管道與金融規範，製造出打壓恐怖主義的全球戰爭。他們奮擊戰鬥有一部份是尾隨洗錢者、與銀行之間互相連通恐怖主義者名單，以及對有生產大型毀滅性武器嫌疑的國家展開制裁，如北韓或伊朗。

然而在制裁伊朗的過程，對美國來說卻是令人受挫的。由於美國與德黑蘭之間並沒有太多的貿易行為，因此美國的制裁能造成的影響很有限。更有甚者，每當利維為找到如歐盟這般，願意減少從德黑蘭進口石油與天然氣的數量的組織，而感到有所進展時，就會有其他國家——如中國——介入並且收購所有的閒置產能。最終，利維了解到如果他們能夠利用私人部門來完成他們的任務，同時利用美元在全球金融系統的獨佔地位，就能夠有更深遠的影響。他的主要概念是讓銀行拒絕與伊朗有任何往來，並且利用這點來限縮其他形式的投資與商業活動。雖然要從聯合國中發動制裁的過程中是有可能被規避或者否決美元在外匯交易中的儲備貨幣與清算貨幣，佔了總額的百分之八十七，正是因為這樣的獨特地位，使得美國政府能夠主宰全世界的每一間銀行與公司。❺

利維的計畫是某種勒索，「銀行的信譽跟客戶的作為息息相關，」他說：「而伊朗正在支援著恐怖份子以及核武計畫。」利維實行了「伊朗金融巡演」（Iran financial roadshow），與全世界的銀行官員會面超過一百次。雖然他的外交過程是悄悄進行的，他推行政策的行動卻是一點也不悄然。在他任期的頭五年，數十個銀行被罰款，這當中包括：駿懋銀行（Lloyds）、渣打集團（Standard Chartered）、巴克萊銀行（Barclays）、荷蘭銀行（ABN Amro）、明訊銀行（Clearstream）、荷蘭國際集團（ING Groep）、匯豐控股（HSBC Holdings）以及瑞士信貸集團（Credit Suisse Group），而這當中被罰款最重的是法國巴黎銀行（BNP Paribas），金額高達八十五億美元。[6] 為了讓這項計畫能夠被施行，首要的第一步就是向環球同業銀行金融電訊協會（SWIFT）——駐點於布魯塞爾的國際資訊交流服務的組織，詢問美國財政部是否可以為了找尋恐怖主義的金融活動，而取得他們的紀錄。財政部的官員說，SWIFT 的資料，就像是美國金融戰爭的「羅賽塔石碑」（Rosetta stone）。在那之後，這項原先只針對蓋達組織（Al-Qaeda）的戰爭逐漸擴大，他們甚至開始針對北韓、伊朗、蘇丹、甚至俄羅斯下手。在美國財政部掌握了金融貿易的資料後，便開始利用並將金融套索套在他們不贊同的經濟體之上。他們對SWIFT施加偌大的壓力，要他們與特定國家的銀行斷絕聯繫，使這些銀行無法獲得國際信貸。[7]

一旦銀行開始被罰數億美元的罰款，他們便開始有強烈的動機去建構動輒上千人的大型體系，以強化這種制裁。一項由英國的德勤（Deloitte）會計師事務所的研究指出，**美國境外**的金融服務當中，有超過一半的金融服務機構，將美國外國資產控制辦公室（Office of Foreign Assets Control，OFAC）所發展出的制裁名單，作為他們要與誰從事商業活動的決策依據。[8]

許多美國境外的人花了一段時間才了解到，美國中央情報局（CIA）所稱的「二十一世紀的精確導引彈藥」（Twenty-first-century precision-guided munition）的威力有強大。[9] 當普丁的朋友、俄羅斯鐵路的執行長弗拉基米爾．亞庫寧（Vladimir Yakunin），被列入美國制裁名單時，他非常地不以為意並對金融時報（Financial Times）聲明：「我沒有任何要入境美國的意願，我在那邊也沒有任何資產。因此這項名單對我來說完全不會造成困擾。」[10] 但正如一位分析師所說明，真正的威脅並不是資產凍結或者是簽證禁令所帶來的問題，而是美國對銀行所發出的訊息：

「這就像是金融世界的痲瘋病，勸阻金融機構以任何形式接觸被針對的目標。」[11] 一旦你被指定了，不只是美國的銀行不願意與你有所交涉，而是所有需要在美國設立據點的銀行都會拒絕與往來，而那幾乎就是世界上的所有人。這讓在名單上的人難以處理任何事情，不管是要在谷雪維爾（Courchevel）購買小木屋，或者是要在倫敦繳交學費。今天，美國體系中的不同部門，也將銀行業為主展開的科學方法，應用於我們連接經濟體系中的其他部份。當貿易鏈與價值鏈變得如此全球化時，美國發現只要操弄鏈結當中的一小部分環節，比如晶片或半導體，就足以讓一個公司或國家對他們跪地求饒。中國並沒有能力生產足以運轉自身經濟體所需的晶片量，每年也都進口大約三千億的晶片。美國正在打算限縮這點。《經濟學人》（*The Economist*）指出：「在二十世紀中，全球最大的咽喉點（choke-point）包括了經過荷姆茲海峽（Strait of Hormuz）★的石油。很快的，咽喉點會變成矽谷在南韓或臺灣打造出的科技園區。」[12] 而這也是美國政府從二〇一八年起，為了限制比如華為與中興通訊等對中國巨頭的出口，所利用的弱點。從疫苗、口罩、車輛、到電話聽筒，當我們對於錯綜複雜的「及時生產」（just-in-time）全球供應鏈的依賴與日俱增，再加上關鍵組成要素只由幾個專業參與者提供時，各個國家都漸漸的提高了自己暴露在地緣政治壓力下的風險。

面對厭戰的公眾以及緊縮的預算，西方政權轉而利用他們對全球經濟、貿易與金融（包括美元、歐元）的影響，以及對於駐點於他們境內的跨國公司的掌控，來展現他們的權力。美國、歐盟與聯合國目前就已經制裁全球五大洲內的三十一個國家。有趣的是，藉由觀察，我們會發現這些武器漸漸地被施展在價值更高的目標上。他們從像北韓這樣國力較弱的目標開始嘗試，以及將它們的使用擴展到在伊朗與俄羅斯身上。而現在，這些武器被使用在全球第二大經濟體中國身上。這是一個巨大的躍進，美國在全球金融體系中的長期地位具有潛在成本，這也是導致財政部是美國政府部門中最不願意追隨中國的主因。值得注意的是，在去年，當中資銀行被迫要遵守美國對於香港官員們的制裁時，中國對於此情況的焦慮感顯著增加。⓭

雖然目前還沒有其他國家能夠像美國利用美元操控享有甜頭，但已經有許多開發國家利用其他手段，來施展類似的做法，比如：經濟封鎖

★連接波斯灣和印度洋的海峽。

（土耳其對美國）、金融制裁（南韓對北韓）、旅遊與簽證禁令（中國、南韓、日本）、終止供應天然氣（俄羅斯對周邊的國家）、稀土金屬的銷售限制（中國對日本），除此之外還有中止援助、增加進出口的盤查、徵收企業或使之關門大吉，以及拒絕承認各種牌照與許可證明。[14] 通常最有效的工具是先擺出誘因，比如借貸、投資或新的基礎建設，然後再威脅要把這些好處收回，而這也是中國最愛用的手法。非西方國家雖然一樣使用經濟戰，但較不會光明正大公開使用。這些手段會被偽裝成衛生問題，或與海關相關的延宕等，而這些手段「恰巧」會發生在政治立場有衝突的的國家間。

許多國家已經因為這些情勢發展而開始自我防衛，為的就是想要降低自己對其他國家的依賴。經濟重商主義（Economic mercantilism）正在茁壯發展。「購買本地商品」的廣告，很常是為了要強化本地供應商，以對抗跨國競爭的隱藏手段，目的是為了讓國家能夠更獨立的運作。中國現在很明確的嘗試增加國內科技部門的強度以及加深國內經濟需求，為的就是要減少自己在面對美國施壓時的脆弱程度。[15] 中國正在嘗試發展能夠與美元相抗衡的虛擬貨幣，一個與美國絕緣的銀行系統，以及一系列能夠避免美國限制中國取得國際市場的基礎科技。在二〇二〇年，中國與俄羅斯甚至還討論要創造一個「金融聯盟」，想要藉轉向使用歐元以及他們自己國家的貨幣來進行雙邊貿易，以減少對美元的依賴（在二〇一五年，中俄兩國有百分之九十的交易都是以美元完成）。⑯

而當這項發展逐漸穩當，許多人開始擔心北京當局會想要施展跟華盛頓一樣的伎倆：將中國的全球金融網絡轉變成中國外交政策的工具。中國已經開始用新的法律來審視境外投資、頒布新的出口法令、擬出新的「不可靠實體清單」★、同時採取歐盟式的法律以阻擋美國法律的境外管轄權。人們漸漸開始抱怨，說北京利用這些科技，將自己的權威施展到香港、中國南海、「一帶一路」周圍與網路空間中。⑰ 大家所害怕的是：這種科技可能會使中國像華盛頓利用自己的美元優勢，透過他們的科技貨幣、科技、資本來強迫使用者遵守中國的制裁——與美國的差別則是支持威權主義，而非民主目標。中國也使出了一些特有的計畫，比如將施展在人民身上的「社會信用評分」計畫（見第一章）施展到各

★中國商務部針對對於中國商業、經濟與國家安全展開威脅的外國企業組織或個人，列入清單內以限制或禁制從事商業活動。

個公司身上。正如中國人民會因為做共產黨不允許的行為而受罰，公司也能夠因為對於北京的忠誠度而獲得特權或受罰。截至目前為止，中國已經利用自己的市場優勢來霸凌澳洲與其他國家，同時也霸凌像NBA或好萊塢等對象，關於這點則是另外一個議題。許多人擔心，中國正在蓄意增強自己對跨國公司與其他政權的可依賴性，藉此將自己的法律與優先事項強加到全世界上。

早在一九四一年，阿爾伯特．赫緒曼聲稱人們錯誤地認為貿易只是為了追求獲利，並提出「權力貿易」（Power trading）的理論。他寫道：「把對外貿易變成權力、壓力或征服的工具這件事是可行的。」[18]赫緒曼能夠得到這樣的見解，是因為他鑽研德國是如何藉由操控國際貿易體系削弱對手的能力，誘使其他國家不情願地成為盟友，在德國皇帝以及納粹的政權底下建構起他們的工業。當今的分析師也指證，中國正遵守著許多所謂「權力貿易」的規則，比如：藉由在其他國家創造既得利益使其成為依賴自己的附庸國；藉由操弄匯率來降低出口成本、傾銷產品以防潛在對手的工業化、利用工業間諜來竊取智慧財產，以及針對主要產業進行攻擊，以防對手獲得主導權。[19]

雖然從人類的角度來說，被炸彈轟炸成碎片的恐懼比關稅條文的痛苦，來得更加令人深刻，然而這些連結所帶來的武器，卻能夠比火藥傷害**更多**人。雖然沒有全面的研究顯示有多少人因為經濟制裁而被傷害或殺害，但在一系列關於制裁機制的研究當中可以找到許多線索。

如同北韓這樣活在制裁底下的國家，例如北韓，有些讓人非常心碎的事情正在發生：有許多母親因為缺乏營養而生產不出母乳、在物產相對好一點的地方，人民等不及作物成熟就開始取用、更糟的狀況則會吃自己的小孩。[20] 雖然許多問題的原因，最終都會導向政權非人道的治理方式，但在委內瑞拉、伊朗、蘇丹、北韓等地，制裁無疑已經藉由限制人民取得食物、醫療、電力的管道，造成經濟全面的毀滅，影響數千萬人的生活。這些制裁所帶來的社會影響通常都是具毀滅性的，進口的商品價格飆高、醫療用品短缺、水質下降、失業率攀升，以及醫療、公衛和教育等公共服務的品質下降。最終，許多人死於原先可以被避免的原因。

研究指出，制裁通常會讓經濟成長每年下降兩個百分點。也就是說，一個國家在十年內會失去整體經濟體的四分之一。[21] 在敘利亞，制裁讓失業率翻倍，[22]也讓百分之八十的國民落入貧窮門檻。在伊朗，制裁導致國家的 GDP 每年萎縮一成。[23]雖然說委內瑞拉在美國對他們施展制裁之前，就已經面臨著經濟危機，但國際貨幣基金組織指認，制裁讓委內瑞拉的通膨率增加高達百分之五十萬，而同時，二〇一八年，委內瑞拉的赤貧人口也增加到了百分之八十五。[24]政治動盪、社會經濟的不穩定、以及人道主義危機，導致拉丁美洲出現近代歷史上最嚴重、由外力引起的流離失所。[25]

而制裁對醫療系統的影響也非同小可。[26]在一九九〇年代，有一陣強烈的反對浪潮，就是針對全面制裁所傷亡的人數而起。舉例來說，那些在一九九〇年代對伊拉克所設下的制裁，讓當地的醫療體系倒退五十年[27]，嬰兒的死亡率也回到一九四〇年後就沒有再見過的數值。[28]聯合國估計，在伊拉克被制裁的幾年之中，五歲以下的孩童死亡數，大約落在三十八萬兩千名至五十七萬六千名之間。因為這些原因，許多國家在世紀之交的時候發展出「聰明制裁」（Smart sanctions），更精準的針對國家當中的經濟階層，而非廣泛的社會大眾。

儘管在理論上，這種新的制裁能夠更針對那些需要為人道罪負責的精英階層，然而這波傾向於施加「最大壓力」的浪潮，再次傷害整體社會大眾。比如：哈佛大學計算，在二〇一八年，北韓有至少四千人因為制裁以及資金短缺而死亡。[29] 而美國對委內瑞拉的制裁也在二〇一七到二〇一八年導致超過四萬人的死亡。[30] 同時，許多研究也證實，伊朗的醫療系統以及經濟系統就是因為西方國家的制裁而徹底崩潰。而在敘利亞境內也一樣，在阿勒坡（Aleppo）工作的英國醫生們說：「那些急需醫療照護的人當中，有超過八成的人因為他們所受的傷，或因為缺乏基本照護、醫療用品、藥品而死亡。」[31]

基礎建設競爭

匈牙利的首相維克多．奧班（Viktor Orbán）已經建立起拒絕移民的名聲，特別是針對那些非基督徒的移民。他架起蛇腹型刺網、聘請邊境守衛、並違反歐盟的法律，杜絕外國人進入匈牙利。然而，他為了某個族群特別破了例。在二〇一三年，他推行了「移民債券」（residency bond）來吸引有錢的中國人移居匈牙利。從那時開始，超過大約一萬名移民移居到這個中歐國家當中，享受匈牙利清淨的空氣、學校與大學，以及這塊古老土地的文化。[32] 驅使維克多這麼做的動機，並不是希望保持中國人與中歐文化的連結，而是希望讓匈牙利能夠搭上中國的經濟快車。

奧班的目標是，希望讓匈牙利成為中國在中歐的據點。在過去五年間，中國已經在匈牙利中投資超過三十億美元，同時雙邊貿易所創造出的成交金額也成長到每年一百億美元。[33] 這麼做的目標不只是讓中國將錢砸進匈牙利國境內，同時也是希望能夠將匈牙利納入中國的貿易與通訊網絡中。中國總理與奧班開發了一條接通匈牙利布達佩斯與薩爾維亞貝爾格萊德（Belgrade）之間的旗艦高速鐵路。同時中國的電信業具頭華為，也在過去十年間於匈牙利開拓業務，僱用兩千五百名員工，以及利用近六百個在地供應商的服務。[34] 這些投資不只是為了賺錢而已（事實上，中國投注在匈牙利身上的投資，遠遠少於投注在波蘭或其他西歐國家的金額），同時代表西方自由民主傳統思想的逃生路徑。

奧班二十六歲時，因身為爭取自由價值觀的行動主義者，而嶄露頭角。一九八九年的六月十六日，他在布達佩斯的英雄廣場發表演說，上要求自由選舉制度的實行以及要求蘇聯軍隊撤退。當日是匈牙利政治家納吉・伊姆雷（Imre Nagy）的重新安葬、並紀念其他於一九五六年匈牙利革命的烈士的典禮。奧班一夕之間成為「回歸歐洲」運動當中最有條理以及最能打動人心的倡議者之一，成立了致力於追求自由主義的政黨，在三十五歲時就擔任匈牙利首相。執政四年後，他輸了選戰。在接下來的十年間，他持續身為黨在野黨成員，與此同時徹底改變自己的世界觀。

當奧班在二〇一〇年重新執政時，他的政治計畫已經不再是擁抱歐洲，而是逃離歐洲。昔日的自由主義者重新將自己塑造成，成為他原先理念的最大敵人。他迅速的開始集中國家的權力、重新推行國家計畫以及保護主義的政策。而他在二〇一四年的七月二十六日，發表於羅馬尼亞的伯伊萊圖什納德（Băile Tuşnad, Tusnádfürdő）的著名演講，將他的想法完整闡明。「當前在思想上很流行的主題」他說：「是理解非西方、非自由主義、非是自由民主，甚至是非民主政體的體系，卻使國家取得成功。今天，國際分析的新星有新加坡、中國、印度、土耳其、俄羅斯……在這場世界大賽當中……我們在找尋……脫離西歐教條的方法。」[35]

讓人驚訝的事實是，有許多曾經排隊著想要加入歐盟的國家，如今都在試圖討好中國。北京的領導人已經找到非和平時代的第二戰場：全球化中物質基礎建設的競賽。許多國家已經意識到，如果他們沒辦法獨立自主，退而求其次的方法就是讓合夥人開始依賴他們。如果說條條大路通羅馬，那對國家來說最有利的，就是成為羅馬。這種建立「不對稱互賴關係」（asymmetric interdependence）的渴望，正在促使區域領導強權，如：俄羅斯、德國、巴西、南非、奈及利亞，試圖穩固自己身為核心經濟體系的角色。但很少有國家跟中國一樣，把諺語中的「路」解讀成實際存在的道路。

在二〇一三年，習近平宣布了「一帶一路」計畫，英文後來重新命名為Belt and Road Initiative（BRI），意圖將中國與遠方的都市——如曼谷與布達佩斯——連結在一起，同時開發歐亞沿岸。一帶一路原先的承諾是要將六十五個國家與市場串聯在一起，而中國就會是這些連結的交會中心，所有的接觸點都會圍繞在中國周圍。中國承諾要投入一萬億資金，大約是馬歇爾計畫（Marshall Plan）資金的七倍。[36]「強權在興起之前，必須要先援助周邊的國家。」中國的國族主義思想家閻學通表示。一帶一路是中國最具野心的基礎建設計畫，打算將中國過剩的產能輸出，同時擴大自己取得原料的通路，以及出口的市場。中國完善基礎建設的外交手法，一點都不讓人意外：中國擁有一百六十個以上、超過一百萬人口的都市（歐洲內有三十五個），必須要、也已經學會如何比歷史上的任何政權，都還要快速的建立基礎建設。

中國藉由基礎建設來達到國際融合的手段，與歐盟的手段大相徑庭。雖然歐盟也有在歐陸以及他們的鄰居國境內建造基礎建設，但一直以來，他們的目標都是希望能夠削弱強權政治。特別是德國，一直都偏好用區域融合來和緩鄰居的焦慮。然而，柏林卻一直對這樣一種感覺困擾著：這些國家害怕自己會因為歐元、因為國家內部建立了屬於全球供應鏈的基礎建設，而淪為德國的藩屬（正如我們在第三章探討過）。但在另一方面，中國似乎將權力的投射視為這項基礎建設計畫的明確目標之一：一帶一路藉由提供基礎建設與協助，來收買政治上的忠誠度以及支持度。[37] 這些舉動讓許多北京周邊的國家開始擔心：他們害怕一帶一路會建立出能夠被中國利用的依賴性。除此之外，也是害怕債務外交——中國先出借鉅額的款項讓其他國家建構基礎建設，而當這些國家最終無法繳清債務時，中國便會要求對方做出政治上的妥協。比如，中國與寮國之間的鐵路成本，就佔了寮國年度預算的八成，導致寮國不得不高度依賴中國的援助。[38]而另一方面則是更傳統上的安全疑慮，這些原本被規劃來運送鞋子和衣服的交通路線，很輕易就能讓中國將坦克與士兵送到其他大陸上。特別是許多亞洲國家都還記得，在二戰時日本的鐵路是如何被利用。[39]

然而，當 Covid-19 在全球肆虐時，許多經濟體陷入危機，中國的基礎建設計畫也當然無可倖免。許多國家繳不出貸款，導致中國的機構暫停出借款項。[40]雖然，當北京陷入發展國家的債務危機時，無疑會重新評估自己在政治與經濟上的風險，然而，這個習近平的招牌計畫卻是一個長久的計畫。而更有甚者，雖然實體的基礎建設計畫被迫暫停，我們在下一個段落中也會看到，北京是如何將一帶一路的重心轉移到科技層面上。[41]

匈牙利把自己與中國緊密連結的策略，是為了找尋地緣政治的其他可能性。奧本寧願身為一個小的「核心國」，也不願意成為依賴歐洲的「周邊國」。藉由加入中國的影響圈，奧班認為他有機會能夠與日耳曼人所帶來的影響互相抗衡。雖然他可能不太需要害怕中國的軍隊，但很有可能最終因為成為中國的周邊國家，而失去自己的主權。

武器化的數位世界

若說基礎建設在傳統經濟當中被武器化，那麼網路必定是新科技戰爭的最前線了。短短幾年內，網路已經從能夠使全球邁向地球村的終極聯合動能，變成了一個「完美武器」。[42] 有許多中國與美國之間的科技戰爭，已經將連結彼此的科技轉變成了分化世界的科技。

首先，第一場戰爭發生於美國國家安全局與中華人民共和國公安部之間，他們兩個因為網路安全而發起的戰役。第二場戰役，是美國科技強權們（Google、Apple、Facebook、Amazon、微軟）跟中國新興科技巨頭（百度、阿里巴巴、騰訊、小米）之間為了爭奪產業中的首要位置而起的各種紛爭。這些紛爭不止出現在硬體層面（晶片、5G，等等），也出現在軟體上（人工智能、演算法、數據）。這些紛爭影響了概念、智慧財展權與專利的流動。而第三場戰爭是為了爭奪制訂網路交戰規則的權限，已經讓網路巴爾幹化，被分化成不同的世界。隨著時間演進，這些小紛爭互相交織，最終讓網路變得更碎片化、充滿著更多紛爭、更「非和平」。

在以前的紛爭當中，都會有「好人」跟「壞人」的區別，或是「公平」與「不公平」的競賽，而規則也是眾所皆知的。但今天，一切都正在改變當中。當初將世界連結在一起的科學與科技發展，如今變成最善於引起分歧的領域。從接下來這兩位科技領導人朱華（Zhu Hua）以及吳息鳳的故事當中，就能夠看出端倪。

朱華喜歡使用弒神者（GodKiller）來作為他的網路化名，但他在聯邦調查局（FBI）的懸賞頁面上的低畫素照片，卻與他的化名呈現出來的形象相反。他渾圓的臉以及像豬一般的五官在不同的照片角度當中扭曲在一塊，而在其中一張照片裡，他正在將食物往嘴巴裡面送。聯邦調查局身稱，朱華熱愛垃圾食物的程度跟他熱愛數據的程度相當，在二十多年間，他儲存了超過上百 GB 的敏感資料，而這也是為什麼聯邦調查局會難得的將網路犯罪送上法庭。紐約南區的大陪審團以「涉嫌入侵電腦、電信詐騙以及身分竊盜」（Conspiracy to commit computer intrusion, wire fraud and aggravated identity theft）的罪名提出訴訟。[43]

朱華據稱是一個自稱石熊貓（Stone Panda）、紅色阿波羅（Red Apollo）雲端跳躍手（Cloud Hopper）或鉀（Potassium）和其他名字的駭客團體的主要領導成員，這個駭客團體據稱是替一個位於北京以南八十公里的二線都市，天津，的一間公司工作，但聯邦調查局認為，他們是代替中華人民共和國公安部打前線的團體。[44] 石熊貓的駭客行為包括一系列廣泛的搗亂行為，而他們最讓人敬佩的是在犯罪過程當的精密程度以及行動的膽量。

大陪審團的訴訟指控朱華從巴西、加拿大、芬蘭、法國、德國、印度、日本、瑞典、瑞士、阿聯酋大公國、英國以及美國等地，至少四十五間商業與國防技術公司竊取智慧財展。他也被指控竊取美國海軍部超過十萬人的個資（將近總員工人口的三分之一），更讓美國海軍部的電腦系統顏面盡失。朱華侵犯的大多數部門，從航空、航太、衛星、製造業、石油與天然氣探勘、到電腦處理企業，都是中國政府工業計畫的重點部門。「過去七年間，在所有跟經濟間諜有關的案件當中，有超過百分之九十都與中國有關。」美國前司法部副部長羅德．羅森斯坦（Rod Rosenstein）在朱華訴訟案的記者會上指出「與竊盜或貿易機密的案件當中，超過三分之二的案件與中國有所牽連。」[45]

美國政府對於監控的細節當然也不是全然不知。愛德華．史諾登已經展示了美國國家安全局是如何將網際網路成為一個偷窺者的天地。在這之中，最重要的基礎建設是牽往全世界的光纖電纜網絡。全世界大約有百分之九十七的跨洲交流，被僅僅三百條電纜線完成。[46] 而在911之後，美國也建立了「星風監視計畫」（STELLARWIND），來吸收通過美國網絡的資料。正如當時的國家安全局的局長，邁克爾·海登將軍（Michael Hayden）所說「這是我們的主場優勢，我們難道要放過這麼多資訊通過華盛頓的雷德蒙德（Redmond）的優勢嗎？為什麼我們不好好利用世界上最強大的通信以及電腦計算管理架構，用這些資源來幫助我們呢？」他當時指的是微軟的總公司，但他後來的行為也鎖定了AT&T，而也找到方法從電纜當中直接取得資訊，甚至不需要得到公司的許可。[47]

美國聯邦調查局的擔憂並不只局限在竊取智慧財展與監控的範圍之內，他們也擔心這些科技對於生命與安全的威脅。美國已經意識到像在第四章提到的震網這樣的網路攻擊能夠帶來的傷害有多大，因此他們非常擔心自己會成為網路攻擊的受害者，因為即使是目標為經濟的攻擊，也可能無意間的殺害到人。舉例來說，當俄羅斯在二〇一七年的五月發動勒索軟體「WannaCry」的攻擊時，原先只是為了要從公司行號身上榨取金錢，但成功取得款項的副作用，就是他們也癱瘓了大部分的英國國民健保署的電子基礎建設系統，最終導致將近兩萬個預約門診被取消，六百個診所得回到用紙筆作業，而有五間大醫院因為沒辦法處理任何急診的病患，直接讓救護車分流到其他醫院。[48]

今天，人們關注於政治與心理上的基礎建設，跟給予實體基礎建設的關注一樣多。美國非常關注俄羅斯試圖駭入二〇一六年的美國總統大選（一項稱為灰熊草原 [Grizzly Steppe] 的行動），以及莫斯科為了散播政治假消息而資助的假新聞工廠。但像石熊貓這樣的中國駭客團體，在此之前已經有類似的行動了：他們在二〇一六年的三月對菲律賓的選舉委員會展開引人注目的網路攻擊（他們在當時竊取了七千萬選民的個資），也對臺灣與日本的非親中政黨展開攻擊。[49] 自從二〇一六年起，全球已經有超過二十個國家、超過十二億人參與的選舉受到網路攻擊影響。[50] 雖然許多駭客對他們原先設定的目標沒有特別有效率，但這些攻擊時常間接、且更全面性的讓參與民主的人群對於選舉結果的干擾以及不可信度感到害怕。在許多案例當中，假消息的散播，也有能力破壞事實在人們心中的意義。

西方社會逐漸地感覺到，自己面在這種多重的攻勢之前，相形非常脆弱。美國的網路專家警告說：駭客其實只需要花費一個人，或者一間小公司的能力，就能夠癱瘓美國的供電網路、使英國的三叉戟核武系統失能，或震盪整個銀行產業。而假消息的攻勢，也有能力在原本已經動盪的社會當中散播更多的恐慌。[51]

但發生在另一個科技領導人吳息鳳身上的事情，可能與未來的科技競爭更息息相關。吳博士並沒有在美國的電腦中散播病毒，相反的，她想利用電腦找到癌症的解藥。在她五十六年的人生當中，她花了二十七年在德州大學的安德森癌症中心（University of Texas's MD Anderson Cancer Center）任職，擔任公眾健康基因組學與轉化醫學中心（Center for Public Health and Translational Genomics）的主任。她是位歸化的美國人，同時也因為發表了五百四十篇文章，成為了研究人員的典範。她帶領各種合作案，其中包括與中國的大學與醫學機構的合作案。而這些作為都貫徹了安德森癌症中心要「終結癌症在德州、美國、全世界的足跡」的理念。但她所使用的方法屬於昨日的世界，違背了新時代中的交戰守則。沒有任何人指控她竊取任何人的概念。她的罪名是「暗地裡協助與助長中國的癌症研究」。雖然沒有任何正式的指控、也沒有任何證據能夠顯示她提供中國任何牽涉所有權的資訊，吳博士還是在被調查的期間開始休無薪假，而最終她在二〇二〇年的一月悄悄地辭去她的職位。

過去幾十年間被推廣的合作方式，在轉眼間被冠上罪名。聯邦調查局的特務翻閱私人信件，也將華裔的研究員送進忠誠度審查的程序當中，甚至在機場逮捕他們。推動這種新手段的背後主使，是聯邦調查局的局長克里斯托弗・雷（Christopher Wray），他身稱中國情報機構會利用任何他們能夠使用的工具，這當中包括國有企業、學生、研究員、以及表面上為私人機構的團體，來竊取智慧財產。[52]「中國似乎已經下定決心要藉由偷竊，讓自己在經濟中往上爬。」他說。並且同時說，不像冷戰時期，是軍隊與政府在參與鬥爭，在這個新型態的競爭中，中國動用的是整個社會。美國現在需要的，是動員自己「整個社會」的回應方法，他說。今日的華盛頓特區，人們不再擔憂於非法的駭客，轉而擔心中國會合法的藉由5G、人工智慧、量子電腦、區塊鏈等科技迎頭趕上自己。

許多人也擔心中國正在利用自己的科技思路來輸出自己的科技，同時也形塑國際的標準與規範。[53]北京受到了十九世紀的大亨維爾納・馮・

西門子（Werner von Siemens）的啟發，相信他所說的「掌管標準的人，就掌管了市場。」（He who owns the standards, owns the market.）因此中國派遣了高官去擔任國際設定標準機構的領導職位，如：國際電信聯盟（ITU）、國際標準化組織（ISO）與國際電工委員會（IEC）。[54] 到了二〇一九年，中國也已經與四十九個國家與地區簽署了八十五份標準化協議。[55] 二〇一九年，當我在巴基斯坦時，已經有耳聞政府要施行一項「安全城市」計畫，在大城市中安裝人臉辨識以及監控系統，就像商湯科技與其他同行在中國外包的計畫一模一樣。中國政府已經將自己的人工智慧與監控科技輸出到亞塞拜然、辛巴威、以及全球許多國家當中。甚至，中國也為三十六個國家的科技官員舉辦三週的論壇，討論他們逐漸蔓延至全球的審查與監控科技。同時，根據自由之家（Freedom House）的數據顯示，大概有四十個國家已經委託中國的公司來替他們建構電信基礎建設。許多人的擔憂在於：許多使用中國科技的國家，會複製一個「被控制的網路」的願景，而抑制了言論自由，而在此同時，數據也會因為政府監控的需求，而被政府留下。[56]

曾經，網路被想像成一個跨國界、無國界的全球線上公共場域，如今已經成為國家、地區的迷宮，在上面也很常會有規則互相衝突。學者已經指認了數個治理網路的哲學正在彼此競爭。[57]位於矽谷的網路創始者們，希望網路能夠是開放的、擁有公開透明的標準的、同時能夠有攜帶型的科技的。但今天這樣的想法面臨了中國的網路治理方針的挑戰，中國的監控的科技以及身分辨認系統藉由針對潛在的罪犯、恐怖份子、或異議份子，而確保了社會的和諧。美國對於網路的態度也已經轉變，如今大多將網路視作商業用途，將網路上的數據是為能夠被貨幣化的商品，同時確保沒有任何其他人能夠取得這些數據。相反的，歐洲正嘗試製造出一個「資產階級網路」，藉由提供嚴格的隱私設定，讓網路霸凌以及負面行為夠被降到最低。另一種治理哲學，則是俄羅斯的治理理念，相信網路是敵對國家的軟肋，能夠被駭客以及假消息拿來利用。

作為武器的移民

「你既不是拾起那個名叫艾蘭（Aylan）的嬰兒的屍體人，也不是餵養三百萬難民的人。」土耳其總統艾爾多安在二〇一五年移民危機發生時，對當時的歐洲執行委員會（EU Commission）主席講出了這一席話。「當有五萬名難民靠近邊界時，你就驚慌失措的說『要是土耳其打開邊境呢？』現在，看著我，如果你再這樣繼續下去，那些邊境就會被敞開。」[58] 艾爾多安將三百萬名走投無路而抵達土耳其的難民，視為討價還價的籌碼，以增加自己在鄰國間的權力。在為爭奪權力而不擇手段的政治遊戲中，據說他威脅歐盟說要把邊境敞開，並將難民裝進遊覽車中送進歐盟內，除非他們滿足他的要求。[59] 土耳其總統最終成功地對歐盟施壓，讓歐盟同意土耳其的難民協議，使土耳其得到六百萬歐元、簽證自由化、以及在成為歐盟會員國的路上又更進一步。

艾爾多安並不是第一個利用移民與難民來勒索的政治家。移民專家從一九五一年開始，已經指認了超過七十五個嘗試將難民潮工具化的例子，亦即每年都發生超過一例。[60] 而這些被利用的難民潮數量，小至幾千人（一九九四年尋求庇護的波蘭籍難民），大至超過一千萬人（一九七一年的東巴基斯坦人）。利比亞的獨裁者，穆安瑪爾．格達費（Muammar Gaddafi），曾在二〇一〇年曾經向歐盟索取四百萬歐元，以阻擋移民通往歐洲，否則威脅要「把歐洲變黑」。[61]（格達費在二〇〇四、二〇〇六、二〇〇八年也都成功地用這樣的工具，甚至利比亞的軍閥在格達費被罷黜後，也使用過同樣的手段）

格達費重複使用這樣的方法一點也不令人意外。研究指出：把移民武器化是非常有效率的工具。在這些歷史案例中，有四分之三的壓迫者最終得到了他們原先預期的部分要求，而在那四分之三之中，又有超過一半的案例最終完整得到他們所要求的。由此可見，這樣國家級的影響比戰爭或制裁還要更有效。[62]將移民當作工具的手段對於面對強國的弱勢國家來說效果更是顯著，要古巴、海地、或墨西哥利用武力威脅美國，根本是天方夜譚。然而，他們的人口定時炸彈，比任何的實體炸彈都還要具有說服力。[63]

全球的移民數在過去五十年間已經成長了將近三倍。[64]現在有大約兩億四千萬的人生活在自己原生國家以外的國家中，而這樣的人口數已經足夠構成全球第五大的國家。[65]有些國家意識到將這些人口工具化的可能性，並將移民人口的閘門轉變成權力產生的源頭。而不同的角色，也都有不同的手段讓移民變成施展權力的工具，這些不同的角色有：「生產者」（Generators）、「新殖民者」（New Colonialists）、「中間人」（Go-betweens）、以及「整合者」（Integrators）。

首先，第一個角色群是「生產者」，他們主動的生成移民來當作武器使用。在敘利亞戰爭時，美國將軍菲利普．布里德洛夫（Philip Breedlove），當時的北大西洋公約組織的歐洲盟軍最高司令（Supreme Allied Commander Europe），指控俄羅斯藉由蓄意的轟炸敘利亞境內的醫院以及其他平民居住地，以驅使難民進入歐洲。[66] 俄羅斯也利用大量居住於俄羅斯境內的前蘇聯國家人口來勒索這些居民的家鄉。比如：俄羅斯就曾經在二〇一四年威脅塔吉克（Tajikistan），若他們拒絕加入莫斯科的歐亞經濟聯盟（Eurasian Economic Union），他們就要限制上百萬名居住於俄羅斯境內，（也是將大量收入金額匯入母國）的塔吉克人民的簽證。[67] 而比較不暴力的例子為：前英國首相特蕾莎．梅（Theresa May）含糊地在脫歐協議的過程當中，以不提供歐盟人口任何留在英國的權利的初始保證，要脅要將三百萬名歐盟國家的人民遣返回國。

第二個類別，「新殖民者」，他們鼓勵自己國家的人口移民出境，並透過這些人口的連結來伸展地緣政治的權力範圍。[68] 就像十八、十九世紀的歐洲人落腳在世界各地，只為了替自己的祖國帶來更多好處一樣，這些二十一世紀中流率最高的人口，正在祖國的國界外替自己的祖國找尋更多的市場通路、科技、以及政治聲量。比如：現在有成千上萬的中國僑民散佈在世界各地，而單在非洲內，就有超過一百萬的中國僑居人口。而當這些移民返回中國時，他們在國外取得的技術以及知識，便會被中國收割，正如我們看到商湯科技裡的前微軟員工一樣。這些被稱為「海龜（歸）」的返國中國僑民人口，正在主宰著中國的科技產業。

另一個佔地堪比一個洲的國家，印度，也有大約兩千萬的成功且高度連結的僑民散佈於世界中。在矽谷，十個公司當中，就有一個是由印度出生的創業家所建立。Google 以及微軟的執行長、發明 Intel 的 Pentium 處理器的人、以及 Motorola 的技術長，全都是印度人。而這對印度來說的好處為何呢？首先，印度每年會得到五百八十億的僑匯，這個金額除了是是全球僑匯中最高的之外，同時也佔了印度 GDP 的百分之四，比國家花費在教育上的金額還要高。而雖然要提出實體證據來證明這兩者之間的因果關係是不可能的，但當印度人湧入美國的同時，這兩國之間的地緣政治導向也漸漸趨同。在二〇〇五年，當美國與印度簽署了協議，讓美國以行動認同了印度新德里的核武目標時，也象徵著美國在政策上，對印度與巴基斯坦維持同樣距離的態度有所轉變。

第三個群體叫「中間人」，比如艾爾多安總統。這個群體正是那些利用地理位置的優勢來威脅那些害怕移民入境的鄰居，並從這當中取得優待。他們並不主動製造出移民潮，而是藉由邊界的開啟與關閉來施展他們的權力。古巴在近代歷史就在美國面前擔任了好幾次的中間人，最著名的就是一九八〇年的馬列爾事件（Mariel boatlift），在這次事件當中，有十二萬五千名古巴人抵達佛羅里達（這些是古巴是從監獄與精神機構中釋放出來的人）。而西非移民的中繼熱點，也是有百分之九十的西非移民在抵達義大利的路途當中會經過的尼日，成功的在上一次的歐盟援助預算中取得六億歐元。中間人的權力通常出現的很突然，他們雖然在權力出現的時間點上卻沒有太多的掌控能力，但他們卻通常因為地理位置而受惠。

第四個群體是「整合者」。這些人雖然是移民潮的接收端，但他們知道該如何將這些移民轉化成優勢。不管在二十一世紀中，反對移民的話術有多花俏，移民最終還是全球生產力的主要動能，特別是對發展中經濟體來說。即便這些人口只佔了全球人口的百分之三點四，移民每年卻創造了七兆美元的產值，這個數字相當於全球GDP的百分之十。[69] 藉著遷徙到更有產能的地區任職不同的職業，移民待在自己母國以外的國家中，對全球GDP所做的貢獻比待在自己國家當中能給的貢獻還要更多。而移民所能做到的貢獻還不只如此：麥肯錫（McKinsey）顧問公司預估，如果在移民接收端的國家有好好的整合入境人口的話，這些移民每年可能可以額外帶來上看一兆美元的產值。[70] 麥肯錫全球研究院（的一項研究也指出，若國家將移民用對的方式整合進社會當中，國家能夠獲得的股息非同小可。[71]

世界上有許多書，都在講述美國是如何藉由將世界上最聰明、最有能力的人轉變成美國公民而受惠。而現在，安哥拉與巴西反轉了人才外流的動線，從他們的前殖民地，葡萄牙，那邊獲取大量的移民人口。

但近代兩個最搶眼的整合實驗發生在中東：以色列以及所謂的伊斯蘭國（Islamic State）（IS）中。以色列是全球唯一人口在過去五十年間成長九倍的國家。以色列應該也是第一個將「阿利雅」（Aliyah）這個詞套用在移民身上的國家，而這個舉動被政府的基礎建設：「阿利雅顧問」（Aliyah consultants）支持著，阿利雅顧問提供移民免費的單程班機、語言課程、以及各種實際援助。一本在闡述以色列是如何將自己重新定位成科技「新創國家」的書中提問：「以色列，一個擁有七百一十萬人口、只有六十年歷史、被敵人包圍、自建國以來長期處於戰爭狀態、缺發天然資源的國家，究竟是如何能夠生產出比其他地更廣，更和平又穩定的國家，像日本、中國、印度、加拿大、與英國，更多的新創公司呢？」[72] 答案就是移民。

雖然他們雙方可能都不會喜歡這樣的平行比較，但在伊斯蘭國被火藥摧毀之前，他們從以色列那邊學了許多方法，才讓他們能夠在地圖上快速的生長。伊斯蘭國也採用了一個詞來代表移民到伊斯蘭國的行為：希吉拉（Hijra）。這個詞在阿拉伯文中代表了遷徙，原自於先知穆罕默德（Muhammad）逃離麥加（Mecca）時，被殺手追趕至麥地那（Medina）的歷史事件。雖說伊斯蘭國可能沒有被許多國家認可，最終也因為軍事攻擊而滅亡，但在許多個月裡，伊斯蘭國是最成功的移民接收者之一。根據蘇凡集團（Soufan Group）的報告指出，從八十六個不同國家遷徙到敘利亞或伊拉克的人口數，大約落在兩萬七千人到三萬一千人。[73] 而這些數字還不包括在那些在周圍地區宣示對伊斯蘭國忠誠的群體，更不用提在西方國家中，聲稱被伊斯蘭國啟發的人們了。不論有多困難，伊斯蘭國創造了一個準國家（有國旗、匯率、組織結構、警察單位），有能力擴張及捍衛大量的領土（伊斯蘭國在某個時期佔地超過三萬四千平方英里[74]），可以產生收入（稅收、輸出石油、敲詐勒索，等等），也同時有能力鼓勵更多的移民前來（透過「聖戰明星」、政宣影片以及社群媒體）。[75] 伊斯蘭國即便促使美國、俄羅斯、伊朗、以色列、沙烏地阿拉伯聯合起來對付他，也還能夠生存這麼久，是一件令人驚豔的事情。

移民強權在全球經濟與政治上的影響非常大。全球首批因為全球化貿易而受益的最富有國家，聯合起來組合成一個稱為「G7」的團體，但在這個組織之外的另外一組國家：中國、印度、以色列、利比亞、尼日、俄羅斯、土耳其，成功的利用移民來增加自己的權力，他們能夠被稱為「M7」★。人口出入境的流動，以及邊境人流的控管，成為權力的新匯率。

★ **M**取自英文的移民，**Migration**。

那些遵從 M7 的領導，跟著採用這種新時代規則的國家，很可能會被自己所掌控的能力嚇到。

法律戰

在被連結的世界中，除了共同想方設法解決像氣候變遷這樣的問題之外，我們沒有其他選擇。畢竟，除了我們一起呼吸的空氣、我們共同享用的水、我們同在當中的氣候之外，還有什麼是更被連結的呢？除了極度富有的人們努力的探索太空旅遊的可能之外，目前我們還沒有任何「B計畫」。世界各地的全球主義者都希望氣候變遷會讓國家領導者們從瑣碎的競爭之中經醒過來，專注於保護地球的未來。

在二〇一八年，青少年行動者格蕾塔・童貝里（Greta Thunberg）像個來自未來的使者一樣出現在世界舞臺上，警告這個世界，讓我們意識到自己正踩在自殺航道上。[76] 他從十五歲開始進行的罷課活動，成為世界各地類似議題團體的模範，包括新興的運動團體如「反抗滅絕」（Extinction Rebellion）。為了要防止人類的滅亡，她呼籲，我們必須要視地球的命運為一個整體，而非只觀注每個國家之間的相對表現。她希望減碳協議能夠被跨國法律掌管，而非受個別國家力量掌控。同時，比起政治標語，她更在乎科學證據。童貝里將全球治理的概念蒸餾成一個新的政治哲學：當全球存亡在即，我們沒有時間再去理會國家利益或權力遊戲。她認知到唯一的分配問題，發生於掌管世界運行的老一輩的人與即將繼承這個世界的年輕人之間。在這個議題上完全沒有灰色地帶，只有事實跟虛構的故事；採取行動跟缺乏作為。世界正在燃燒，她解釋，而我們為了要拯救這個世界，必需要有所行動。

跨國法律原先的目的，是要讓兩個不和諧的國家能夠找到和平解決彼此之間的糾紛的方法。在冷戰過後，多邊主義的機構原本應該要負起責任，擔任「雙贏」合作新世代的良性監督人員，然而安全專家卻認知到跨國法律，其實更常被當作面對惡意國家的武器。他們將之戲稱為「法律戰」（lawfare），這個詞解釋了這些原先被設計來治理跨國關係的機構，反而轉變成為地緣政治上競爭的重點前線的現象。

有許多的國家藉由癱瘓機構，或是只遵從部分的規則來破壞跨國體系。像印度、俄羅斯、中國這樣的新興權力，已經嘗試藉由干擾既存的機構，來讓原先被建立的權力體系感到挫折，從在聯合國人權理事會的選舉當中支持因為侵犯人權而出名的候選人；封鎖世界貿易組織的多哈回合（Doha Round）貿易談判；到阻止歐洲安全與合作組織（OSCE）（Organization for Security and Co-operation in Europe）進行選舉觀察行動。有時他們甚至還忽略命令，就如俄羅斯拒絕了「開放天空條約」（open skies），或中國不理會國際法院（International Court of Justice）對於南海主權的治理一樣。

新興國家舉證說：他們的行為已經被美國以及他們的各個盟國們模仿，漸漸的也讓這些國家在自己所設下的法令之中破例，雖然對西方主權來說，這個論點是有爭議性的。舉例來說：華盛頓要求其他國家遵守海洋法，但他們自己卻沒有批準聯合國的相關公約；歐盟與美國也在國際上對於邊界的不可侵犯性與國家監控上下了許多文章，但卻在自己干涉科索沃時，改變了自己所設定的規範（他們在事後試圖以「保護的責任」為由，以合理化自己的行為）

正當國際組織被癱瘓的同時，許多國家開始不透過這些組織來運行。國際上開始建立互相競爭的、排外的「迷你雙邊」的團體的浪潮，而非像以前一樣，建立兼容、共通的多邊主義計畫。這些團體，由想法相似與發展程度相當的國家，藉著共同價值觀（或共同敵人）而聚集在一起。

許多西方國家因為在聯合國受挫於貿易或人權上的議題，中國與俄羅斯擁有的否決權，他們於是開始在這些國際組織外成立新的團體，比如在亞洲的跨太平洋夥伴關係（TPP）（Trans-Pacific Partnership）以及跨大西洋貿易與投資伙伴協定（TTIP）（Transatlantic Trade and Investment Partnership），而不讓莫斯科與北京加入其中。並行於西方的秩序建立計畫，莫斯科與北京也開始透過建立起一系列的團體，以建立「沒有西方社會的世界」，這當中包括了金磚國家（BTICS）（巴西、俄羅斯、印度、中國、南非）、歐亞經濟聯盟（EEU）、區域全面經濟夥伴協定（RCEP）（Regional Comprehensive Economic Partnership）、以及其他次區域經濟合作組織。中國也嘗試建立起與西方建立的組織平行的機構，比如亞洲基礎設施投資銀行（AIIB）（Asian Infrastructure Investment Bank）與上海合作組織（SCO）（Shanghai Cooperation Organization），這些機構當中，有些與既存的秩序相輔相成，而有些則是為了與之對抗。雖然這些新興的團體鮮少達到任何共識，但他們的存在卻削弱了跨國組織的正當性。

格蕾塔・童貝里的各種演講並沒有讓各國的領導人獲得新的共識，反而遭受川普、雅伊爾・波索納洛（Jair Bolsonaro）和史考特・莫里森（Scott Morrison）這樣的領導人攻擊。與其將氣候變遷視為一個拯救地球的共同計畫，這些領導人反而試著將氣候變遷武器化，用來懲罰其他人，同時讓自己的經濟有所成長。如果他們在國際氣候會議中使用這些武器的話，他們很可能會讓整個協議脫軌。像中國、印度與巴西這些開發中國家的巨頭，無疑是世界中最主要的排放者，但若以平均排放量來看的話，他們的排放量又相對低，而他們同時也指出：已開發經濟體身為最主要的碳排放者已經超過一世紀之久。在此同時，已開發國家的人也不願意為此對現有的生活方式做出根本的改變。澳洲的領導者史考特・莫里斯，最終就轉而否認氣候變遷的存在，以逃避責任。在二〇二〇年一月，當澳洲發生國家大火時，大約有四千六百萬英畝的土地被火吞噬，影響了大約三十億隻動物，被稱為「當代歷史中，對野生動物來說最大的浩劫的災難」而當這一切發生之時，莫里斯人正在夏威夷渡假。[77]

雖然川普退出（而拜登上任後又重新加入）了巴黎協定（Paris Agreement），在氣候談判的變化當中，川普更像是一個病徵，而非轉變的原因。在格蕾塔．童貝里開始倡議至今，時間還沒有太久，但這個世界已經朝向與她的政治信念完全相反的方向前行：權力已經凌駕法律、政治比科學更重要、而國族主義的聲量也超越了國際主義的聲量。於一九九二年簽署的京都議定書（Kyoto Protocol）中，雖然有許多瑕疵，但這項協議的大致內容與格蕾塔的處方簽吻合：一個多邊的條約、具有法律約束力的跨國目標、由世界上頂尖的科學家所訂定。然而京都議定書最終沒有開花結果。二〇一六年的巴黎協定，是邁向成功的最佳希望，提供了一個非常不同的制定方法。巴黎協議唯一被當作勝利的理由，是因為現在要各國達成跨國協議的機率微乎其微。事實是：巴黎協議的約束力以及侵入性都比京都議定書來得低，也不像京都議定書讓各個國家政府受國際法律的制約。在地球持續燃燒的同時，巴黎協議讓所有大國能夠自由採取自己原先訂定的能約政策，並且假裝大家共同簽署了一份協議，以面對急迫的氣候變遷。

自從一九八八年，第一次的氣候跨國協議開始，全球的二氧化碳排放量已經成長了百分之四十，地球的氣溫從我們剛開始工業化的燃燒煤炭後，也已經上漲了攝氏一度，而預估在本世紀末，氣溫的上升幅度會是原先的四倍。[78]從六〇年代開始，全世界有一半的熱帶雨林已經被砍光，[79]大堡礁也因為水溫的上升，已經白化了一半，成為一個海底墳墓。聯合國也警告「第六次生物大滅絕」（Sixth mass extinction）可能會讓上百萬個動植物物種面臨滅絕。[80]

這些風險使得童貝里所訴求的未來愈來愈不可能。跟京都議定書相比較之下，巴黎氣候協議的軟弱態度，象徵了過去十五年來國際法律的形同虛設。這種不具約束力的協議也出現在聯合國永續發展目標（Sustainable Development Goals）與全球移民契約（Global Compact for Migration）中。而最讓人擔憂的或許是，由於許多控制軍備的條款已經被撤回，相同的處理方法也被運用在像核武這樣的議題之上。[81]

連結，似乎只是鼓勵人民與國家去考慮與自己相關的利益，而非將關注放置於全體人類的福祉上。連結的科技被全球化的經濟擁抱；被追求成長、擴張、累積的自由經濟資本驅動，這樣的結果是更明顯的貧富差異，因而讓所有人為了共同利益而行動這件事變得更困難。而一旦社群軟體所引發的嫉妒心理與這個現象重疊，人民就集體的更關注於比較彼此的生活，而更難關注於所有人的共同利益。最顯著的例子之一，就是在與聯合國全球移民契約相抗衡的網路假消息攻擊發生時，數個歐洲政府，如比利時、愛沙尼亞、斯洛伐克的境內產生政治危機，最終讓將近二十多個國家退出這個契約。[82]

這種連結所帶來的失控感，也讓人們對於政府的信任度大大折損。許多人都知道全球議題是沒有辦法自行消失的，這種無力感通常會導向犬儒主義式（cynicism）的信仰，相信沒有任何解決方法會出現，這個現象也被經濟學家稱之為「集體行動問題」（Collective Action Problems）：太多時候，領導者與人民於最終決定最理智的短期策略就是什麼都不做，並希望其他人會解決這些問題。

被打斷的連結

當蘇聯於一九九一年底解體時，因為核武陰影而分裂的世界逝去，迎面而來的是新的互相連結與互相依賴的世界。對某些人來說，當大量國家聯合起來一同追求全球化的福祉時，預示了歷史的終點。但結果，國家之間蓬勃發展的連結並沒有彌平彼此之間的緊繃情勢，地緣政治時代的權力紛爭依舊持續，只是換了新形式而已。

這個章節闡述了貿易戰、關稅、制裁以及制定政策的競爭，已經將全世界的經濟連結武器化。我們新的實體與虛擬的全球基礎建設允許國家們，藉由增加自己與其他國家的連結，來讓自己與其他國家競爭，同時拒絕與自己的對手來往。全球的人口流動也成為了權力的來源，就像有些國家利用難民或海外僑民來施展自己的力量一樣。就連國際法律也都變成了一種武器，彼此敵對的國家藉由操弄這些法律來達成自己的政治目的，而非用來減少彼此之間的衝突。

這些將人們連在一塊的能量已經成為了戰場。而在非和平時代中，每個參戰者都使用著不同的手段來參戰。

205　第五章　非和平的剖析架構：全球化是如何被變為武器

6

權力的新地形

現在看來，全球化並沒帶來美好的世界，而是在國家內部與國家之間，創造出在頂層的贏家與在底層的輸家。全球化重塑了世界各國家內部以及跨國體系的地形，讓我們處於一個更加複雜的世界。今天，我們所生活的世界不只是圓的，還擁有高低起伏的地形，但總之都不是平的。

The Age of Unpeace:
How Connectivity Causes Conflict

許多童話故事都以「很久很久以前」作為開頭，而多數的歷史也並未有時間上的共識。事實上，全球時區是當代最革新的一項發明。對泰半的人類歷史來說，我們幾乎就像活在不同的星系當中：文明興起又殞落，各自擁有自己的語言、文化、宗教、社會風俗、科技，鮮少與其他文明聯絡，甚至沒有交集。某個程度來說，人類歷史是一個慢慢建構起世界的故事。大約在西元前一萬年，地球上有數千個自給自足的世界。到了西元前兩千年，這些世界合併成幾百個世界，而到了一四一五年，歐洲殖民主義開始後，世界上只剩下幾十個世界。[1] 直到十九世紀後半葉，我們的世界才開始討論「全球公民意識」的可能性。[2] 在那之前，許多大陸的「已知世界」只包括了從海岸往內陸延伸幾英里的範圍。[3] 但短短幾年內，所有的國家都被工業與帝國探索、劃入地圖、放入一個單一的全球體系中。在一八五〇到一九一四年間，人們見證了讓世界開始縮小、被連結、被標準化的旅遊、貿易、征戰的浪潮，這讓人類首次以整個星球為單位去理解這個世界。而達成這項成就至關重要的基礎之一，就是時間統一。[4]

在世界一致認同一個「標準時間」之前，歐美的每個鄉鎮城市，市政廳、教堂、車站上的時鐘都是依照當地的日照來定時的。一八七五年，光是美國內部，就有七十五個火車時刻表：在聖路易市中有六個，堪薩斯城內有五個、而芝加哥就有三個時刻表。[5] 甚至到了十九世紀中期，為時間統一標準，都還被認為是理想主義者、怪咖，所推崇的烏托邦主義政治計畫。史丹佛・佛萊明（Sandford Fleming）是蘇格蘭出生的加拿大行政官員、工程師、發明家。他設計了加拿大的第一組郵票、從事大量的測量以及地圖繪製，並且建造了大部分的殖民地際與加拿大太平洋鐵路（Intercolonial and Canadian Pacific Railways）。但他最長遠的成就，是立定了全球標準時間。在一八七六年，他因為令人混淆的火車時刻表，而在愛爾蘭錯過了一班火車，在那之後，他便開始書寫一系列的文章與文宣，號召制定統一衡量時間的方法，而他也相信，這樣做能夠吹起讓世界被貿易、科技、互相了解所統一的號角。[6] 佛萊明是一八八四年在華盛頓舉行的國際子午線會議（International Meridian Conference）的代表之一，參與這項會議讓他有辦法將他理想主義的夢想轉化成國際的法律，並且訂定一個統一且單一的「世界時間」。雖然這項計畫在實際執行上花了幾年，但在十九世紀末，他們的改革已經鋪天蓋地的席捲全世界。時間除了被標準化，也因為便宜的懷錶而大眾化，甚至就像今日的手機一樣普及。歷史學家尤根．奧斯特哈默（Jürgen Osterhammel）細緻的紀錄了這些科技是如何導致當代世界的誕生，又是如何誘發了一系列的全球貿易、交流、旅行與概念往來的網絡。❼

若說漫長的十九世紀是這個世界開始聚在一起的時段，那麼短暫的二十世紀就是被分化的思維所定義的年代。當蘇聯於一九九一年解體，第二波的連結浪潮得以興起，如蒸汽引擎、電報發明一樣舉足輕重的資訊、通訊科技，驅使了這場革命。如今，我們因此有辦法以當初史丹佛．佛萊明絕對想不到的方式被連結著。此刻，一半的世界因為智慧型手機與網路的連結，被納進一個單一的人造網絡中。而若說時間的統一能夠讓國家被連結在一起，資訊的連結就有潛力能夠強化我們連結的網絡，進而消彌國內與國外的分野。

若說史丹佛．佛萊明是第一個連結時代中，最有影響力的造勢者與文宣作者之一，在第二個連結時代，影響力與之相當的人，就會是記者湯馬斯．佛里曼（Thomas Loren Friedman），他將複雜概念簡化，讓上百萬人購買他讚頌全球化的書。千禧年初，佛里曼的著作：《世界是平的》，是每間書店的排行榜熱門，同時也出現在所有生意人的書單當中。❽他的著作探討十種能夠將世界變平的動能，從供應鏈到無線聯絡方式。而佛里曼告訴我們：當全球經濟變得平坦，我們會創造出一個毫無摩擦的遊樂園。

然而事實是，全球化在國家內部與國家之間，創造出（在頂層的）贏家與（在底層的）輸家。全球化重塑了世界各國家內部以及跨國體系的地形，讓我們處於一個更加複雜的世界。今天，我們所生活的世界不只是圓的，還擁有高低起伏的地形。為了要了解這個地形，我們得花點時間細究關於網絡的理論。

網絡如何統一與分裂世界

政治學家、經濟學家、民調專家以及國際關係專家，曾經發展出能夠透過了解個人的動力來源、以及選民、消費者、政治家、外交官等人的力量，來了解世界的方式。然而這些模型已經漸漸無法解釋當今這個被單一網絡系統連結的世界。

有多少人成功預測到全球的金融危機、阿拉伯之春、英國脫歐公投、川普當選？有多少人預示了報紙媒體的殞落、Uber與Airbnb的崛起？又有多少人預期到各國政府應對Covid-19是如此方式？而更重要的是有多少人能夠想像，這些動盪全發生在這十年間？那些曾經看似一百年才發生一次的重大政治動盪，如今似乎每十五分鐘就發生一起。

許多我們無法預測到的事件，不論發生在經濟、科技系統、政治與社會當中，都源自於這些領域被規劃的方式。若說在工業化年代，世界被工廠、軍隊、教堂、官僚系統的階層關係所規劃，當代的世代最強大的組織系統就會是網絡。網絡，是個拿來描述一系列物件（節點（Nodes））被連接（關係（Ties））串聯在一起的漂亮詞彙。網絡通常是一系列的節點之間的連接，而非與單一中心點串連。然而，有些節點卻比其他節點擁有更多的連接關係，因而將所有不同的網絡串聯在一起（樞紐（Hubs））。[9]

網絡在人類文明之初就已存在，但幾世紀以來，它的勢力一直被階層關係的超高效率所蓋過，一直到科技興盛，網絡才慢慢的興盛。誠如我們所見，科技革命與全球化，伴隨著相較和平的後冷戰年代，帶來了新的交流網絡，消彌了部分的國界，並以新的方式將國家串聯在一起。這個時代的重點特徵：許多曾經獨立運作的機構，如今重新自我整治，成為偌大網絡中的一個節點。工廠成為全球供應鏈的一部份，將零件傳播至其他國家，讓商品變得更好更便宜。銀行變成全球金融市場的一部份，經手幾億美元的流動資本，同時也依賴跨國資訊平臺交流。大學與科學家也建立跨洲際的合作網絡。大眾媒體、教會、體育團體、犯罪組織、恐怖份子都重新自我整治，將自己組織成大型網絡的一部份，讓自己與全球人群、團體串聯一起。

國家政府也將自己串連在不同的網絡中。這其中包括由條約治理的跨國組織，如聯合國與國際貿易組織、歐盟與非洲聯盟（African Union）這樣的鄰近國家所組成的團體、同時還有非正式團體，如七大工業國組織，金磚國家、伊斯蘭合作組織（Organisation of Islamic Cooperation）。更有甚者，他們快速的增加自己與情報部門、法院、訂定規章的管理機關、決策單位、甚至立法單位之間的連結，使他們之間能夠跨國的處理恐怖主義、犯罪組織、環境退化、洗錢、銀行倒閉、證券詐欺等問題。[10]

網絡的規則

網絡之所以如此特別，是因為它有數個特徵。[11] 任何網絡再堅固，都不過其中最脆弱的部分，這也是為什麼在這幾年間，我們看到全球經濟當中如此多中斷，如汽車生產線因為半導體的缺貨而中斷，或Covid試劑因特殊化學物質短缺而無法製造。但同時網絡也非靜止不動，而是不斷改變。[12] 網絡富有彈性，能在大環境改變時保有原本目標，並重新配置自己的組成元素。就像你重組自己家中的音樂播放系統，或你的身體重組神經系統一樣。因為網絡通常沒有一個單一的中心，也可以在各式各樣的排列組合之下運作，當面臨攻擊時，網絡能夠找到辦法反彈，如當蓋達組織的領導被逮補時，另一位領導便可以興起；當日本在中國設置的工廠因示威活動而停擺，越南的另一間廠房能夠補足落後的進度。除此之外，網絡是可擴展的，意味著他們能夠在不造成太大影響的情況下擴大或縮小。這也是有這麼多新興網絡化公司快速發展且佔領世界的原因。

這個現象導致傳染的發生。我們從小就知道世界這端的蝴蝶震動翅膀，能夠引起世界彼端的颱風發生。這樣連鎖反應的風險也同樣出現在被連結的系統當中。我們看到如新冠肺炎、黑死病、流感、愛滋病、口蹄疫等流行病是如何集結壯大，直到人類沒辦法應付他們。而當人類的反應被加入參數，這些動態便更加複雜，導致許多觀察者開始討論「恐慌經濟」（Fearonomics）[13]，這種怕被傳染的恐懼、假消息的流動、國家以鄰為壑的政策，都加劇了金融、難民、健康危機的成本耗損。[14]恐慌經濟的對立面，是政治氛圍的快速轉變與傳播。拿穆罕默德・布瓦吉吉（Tarek el-Tayeb Mohamed Bouazizi）的案例來說，他是一名為了抗議政府腐敗而在二〇一〇年自焚的突尼西亞水果攤商。事發兩個月內，突尼西亞的專制總統班・阿里（Ben Ali）被推翻，同時抗議的浪潮蔓延到埃及，人民聚集在解放廣場（Tahrir Square）上，叫喊著「突尼西亞是解決之道」（Tunisia is the solution）。示威活動也在阿爾及利亞、巴林、吉布地、伊朗、伊拉克、約旦、科威特、黎巴嫩、利比亞、茅利塔尼亞、摩洛哥、阿曼、巴勒斯坦領土、沙烏地阿拉伯、索馬利亞、蘇丹、敘利亞以及西撒哈拉等地爆發。這些抗爭活動的形式幾乎就與他們所抗爭的內容一樣重要，而這樣的抗爭活動也激起了其他面對不平等對待（佔領華爾街）、緊縮政策（憤怒者運動）（Los Indignados），甚至是發生在以色列民眾抗議茅屋起司（Cottage Cheese）價格的抗爭運動。

病毒、新想法與其他東西散播的方式，顯現出網絡的架構。我們在第二章中看到網絡是如何鼓勵我們將自我分類到相似想法的團體中，科學家稱這個行為同值偏好（Homophily）。[15] 我們從六度分格理論（Six degrees of separation）當中學到，正是各個聚集群體之間的脆弱連結，讓不同的想法、病毒能夠傳播到遙遠的地方。而「冪定律」（Power law）也讓較被連接的節點更加的被連接（允許富者更富，或每當人們在像Facebook這樣的網絡上攻擊對手時，這個平臺也變得更加適合攻擊人）。[16] 事實上，網絡重要的特質之一，就是在節點上的所有連結所能做出的影響。這個聲明聽起來非常的不真實，直到你開始想想我們當今的經濟體。正如哈瓦斯廣告集團（Havas）的湯姆．古德溫（Tom Goodwin）指出的：世界上最大的計程車公司，Uber，並不擁有任何汽車；[17] 全球最受歡迎的媒體公司，Facebook，不創造任何內容；全球最值錢的零售公司，阿里巴巴，沒有任何庫存；全世界最大的住所供應商，Airbnb，名下沒有任何地產。對這些平臺來說，他們的價值來自於在網絡當中擔任聯繫的介面。而身處在網絡之間的事實，改變了所有節點的本質：一輛沒有被使用的車可以搖身一變，成為一輛計程車；一間多出來的房間可以成為渡假的地點（或者，電視明星可以成為美國或烏克蘭的總統）。同樣的道理在國家被連結到新網絡時也適用。只要印度與中國不與全球經濟體產生連結，他們對國際政治來說便是邊緣國家。但他們在過去三十年間與世界產生連結，加速了大城市的建立、新的工業專業產生、新的全球供應鏈生成，導致這兩個大型文明的政治影響力更上一層樓。

網絡最有趣，卻也是最不被研究的特徵，是其如何改變著權力的本質。

棋盤和網絡

學者與外交官安妮－瑪麗．斯勞特（Anne-Marie Slaughter）認為，我們對於世界的看法需要更新。傳統上，領導人們與外交官員們，將全球政治視為國家間的巨大競爭，在這棋盤中，強權政治的領導者進行賽局。然而斯勞特認為，這樣子的棋盤模式不會消失，但有另一種全球政治的模式存在：在一張由網絡組成的網，不由討價還價進行遊戲，而是以建立彼此之間的連結與關係進行。她提供一張引人注目的衛星照片，畫面中顯示著夜晚的地球，像走廊般的燈光標記了馬路、車輛、房屋與辦公空間。燈光代表著人類的關係，代表著家庭、工作的人與旅行者居住並且聚在一塊的地方。「這張圖所代表的」她說：「並不是分離，也不是各個權力劃分出的界線，而是一張連結地圖。」⑱斯勞特宣稱，我們需要發展「網絡思維」，才能了解這個定義了能源、貿易、病毒、犯罪、恐怖主義以及人權的非階層系統動態。在這些領域當中，曾經彰顯國家、主權、脅迫以及自我圖利的棋盤，在朝向連結、關係、共享以及約定的網絡當前，險得相形見絀。⑲這是一個改變國際政治本質的轉變：從自給自足的國家主權，轉變成巨大又糾纏在一起的網路。

早期的理論家認為：網絡的崛起會導致強權政治的衰亡。網絡使人們能平行的連結，允許人們能夠超越傳統的階層關係而互動。網絡讓原本沒有影響力的人，獲得變得有影響力的可能。早期的網路年代中，充滿著小蝦米戰勝鯨魚的故事，勇敢的暴發戶推翻或者阻撓大企業。當時大家都希冀著這樣的情況會擴散到商業或政治界。在受到網際網路啟發而發生的反伊拉克戰爭抗議剛開始時，前愛爾蘭總統瑪麗・羅賓遜（Mary Robinson）甚至稱國際公眾意見為「第二強權」。但事實是，所謂的「網絡效應」（Network effects）

創造了勝者全拿的架構，使得有錢人變得更有錢；讓最有影響力的人能夠擊敗沒有影響力的人。網路前所未有地將人們連結在一起，但並非所有的連結都是平等的：在比以前都還更巨大的樞紐中，權力開始被中央化。[20]

在商業領域當中，Amazon、Facebook、Uber與Airbnb協助打亂了傳統的階層關係，包括了零售業、報社、連鎖旅館與計程車公司。他們讓上千萬人變得有影響力，但在此同時，他們也在自己的平臺中集結了更大的權力。同樣的現象也發生在政治當中：在單一政黨的國家體系中，如中國共產黨和普丁的總統席，網路非但沒有削弱他們的勢力，反而更強化之。在被連結的體系當中，權力是同時被強大的聚集力與輻散能力所定義。網絡理論家，不管他們鑽研的是小至蛋白質、神經學網絡、金融體系、社群媒體或是經濟體系中的網絡，他們都發現，類似這樣的動能掌管著所有的網絡。[21]這些網絡都有將世界分成核心與邊陲的傾向，當愈多的影響力從核心被發散到邊陲時，核心就會變得更具有影響力。[22]

回到安妮-瑪麗．斯勞特的理論，許多全球主義者希望，這個將國家連結在一起的網子會讓下棋的人覺得這些權力遊戲不再重要。但事實是，連結並沒有終止競爭。全球化並沒有引領我們走向平的世界，而是將我們引導到一個新的權力地貌中。在這裡，有些國家比其他國家更被連接，而他們能夠透過這些連結去加強自己的權力跟威信，甚至將連結轉變成武器。強權政治並沒有消失，只是必須要適應核心與邊陲的不對稱樣貌。全球化世界中的多邊主義並沒有取代強權競爭的多極（Multipolar）世界。二十一世紀的地緣政治的真實樣貌，反而更關乎於這兩者的混合：這個網絡變成新的棋盤，提供地緣政治玩家下棋。而同時，互相依賴的狀態也正被武器化。

有效連結戰士的七個策略

在上一章，我們探討了所有的連結，供應鏈、貿易路線、管線、鐵路、道路、電纜線，以及人口、貨物、金錢與資訊的流動如何將世界綁在一起，以及這些事務是如何變成權力匯率的一部份。然而，權力被施行的方式，端看於被網絡連結的世界之地貌。節點之分佈、關係之密度、以及樞紐之興起，這些共創出二十一世紀新的權力地圖。所有國家都嘗試著掌控新世界地貌的制高點，同時也想確認自己的強項，以及對手的弱點。

在這個被網絡所建立的新世界權力地貌中，戰場上的高山及低谷，皆為各玩家創造許多能使他們操弄金融、人、科技、組織的機會。只要我們觀察各個網絡的形狀，我們就可以了解到造成影響最有效的方法是什麼。在我過去幾年的研究中，我發現最有影響力的國家、最強壯的連結戰士們所使用的七個策略：

一、中心性（Centrality）。

這個策略的目標，在於讓別人對你的需求大過你對他們的需求，接著你就能掌管彼此關係的規則。這正是俄羅斯試圖對他們的能源市場施展的策略，藉此，俄羅斯能夠勒索烏克蘭或波羅的海國家。人們曾經認為，為雙方帶來利益的關係能夠替彼此帶來和諧。但現在各國政府開始注意彼此在關係當中的相對重要性。沒有人想讓自己成為需求較高的一方，而讓自己暴露於被施壓的危險中。

二、守門人（Gatekeeping）。

這是一項能夠決定誰是網絡當中的「局內人」與「局外人」的能力。舉例來說：美國曾藉由威脅要禁止與德黑蘭有貿易往來的銀行使用美元，而有效的將伊朗拒於全球金融系統之外。美國憑仗著全球百分之九十的外匯交易都使用美元的優勢，創造出了「咽喉點」。歐盟也用了提供鄰近國家會員國的機會，或至少提供聯合協議（association agreement），來轉化自己的決策。許多國家都試圖在不同的部門當中將自己安放在樞紐上，因而能夠用類似的手段將自己的權力位置轉化成影響力、利益、或權力。

三、資料探勘（Data-mining）。

國家將自己的控制能力深入至網絡中，並且窺探對方。就如愛德華·史諾登揭露美國國家安全局在執行的事情一樣。只要資訊流經你的電纜或網路之中，你就獲得能搶先一步懲罰其他人的資料寶庫。

四、顛覆（Subversion）。

政府介入其他國家的體系，並嘗試推翻原先的準則，使之不再有效。舉例來說，俄羅斯意圖透過在西方散播疫苗的虛假消息、在後蘇聯國家中，散播政治人物的金融利益假消息，以此製造混亂。

五、滲透（Infiltration）。

比起從外部影響其他國家，從對方國家內部做出改變，通常是更容易的。這個策略可能是透過鼓勵公司投資、與政黨發展友誼關係甚至促使公民移居來達成。近期總統艾爾多安對在歐洲的土耳其少數族群做出的利誘，與普丁對東歐俄羅斯裔的作為，引發了很具爭議性的辯論。也有人討論關於中國移居非洲的人口所帶來的爭議，以及他們所做出的投資是如何左右當地精英族群的選擇，同時如何轉變這些國家的政治導向。[23]

六、制定規則（Rule-making）。

這個策略的目標是意圖替整個網絡制定常規或準則，正如美國對網域名稱或網站名稱所做出的決定，或歐盟對於網路隱私所做出的規範。漸漸的，二十一世紀變成了制定規則的戰場。中國，這個曾須遵從他國建立之規範的國家，正在全力對5G，或人工智慧等新科技訂定自己的規則。中國意識到，以此在商業上提供了本國科技巨頭許多優勢，更重要的是能依照自己國家的利益及價值觀，創造相應的全球規則。

七、找尋獨立（**Independence-seeking**）。

若說許多政權正嘗試將自身與他人的連結武器化，最好的防禦方式就是將自己對他國的依賴降至最低，讓自己能夠從外部操弄中解脫。美國的全球能源市場一直朝著這個方向前進中，中國也在對自己的半導體與電腦晶片工業做出同樣努力。

贏家、輸家、與思想家

每個國家之間的連結，都是這個新權力地圖的一部份。強權能夠藉由控制自己與他人的連結而變得更加強大：他能訂定規範與立定標準，能操控金融或能源流向、限制別人獲取稀有資源或供應鏈的機會，他也可以建構起社群媒體平臺或制定搜尋引擎的標準，甚至能試著干擾其他國家的選舉結果。各個政權都想善用在這個被網絡連結世界中自己的獨特優勢，以建立影響範圍。

但各個政權也因歷史及地理的關係，有著各自獨特的哲學和世界觀，深鑿於自己的意識之中。因此，二十一世紀受到各國對連結所抱持各異想法影響，並不會比國家操弄連結，將我們綁在一起所帶來的干擾少。

至少在接下來的二十年間，像土耳其、俄羅斯、沙烏地阿拉伯、伊朗或印度這樣的政權，並沒有辦法壯大到能夠制定全球競爭的方法。當前握有足夠連結、金錢、組織能力，有辦法將整個體系武器化的陣營，只有三個：美國、中國、以及歐盟。我們離喬治・歐威爾（George Orwell）所描寫的被分成大洋國（Oceania）、歐亞國（Eurasia）與東亞國（Eastasia）的反烏托邦世界相去並不太遠。在下一個章節裡，我們就會更深入的探討這三個國家。

7

連結的帝國

在這個新型連結世界中，三大帝國（美國、中國、歐洲）各使用不同的武器與策略讓自己發揮影響力。其他的第四世界國家則必須在這交纏的連結中找到自己的空間。

The Age of Unpeace:
How Connectivity Causes Conflict

五角大廈有時被稱為一座城市中的城市。以歐洲都市的尺度來說，它可能更像一個小型國家（美國國防部的七十萬名員工數已經超過盧森堡或是馬爾他的人口數了）。進入五角大廈的流程也是件麻煩事，需經過多層文件檢查，為了要完成各個步驟，也必須要經過機場安檢式的排隊以及檢驗。然而，一旦進入大廈之後，你完全不需要再離開。這個六十萬平方公尺的大樓充斥著餐廳、超市、健身房、可以應付各種季節以及場合的商店，種類涵蓋珠寶、巧克力、影片出租店、跟藥房。

其中一位似乎特別不想離開五角大廈的人，是已故的安德魯・馬歇爾（Andrew Marshall），「淨評估辦公室」（Office of Net Assessment）的創辦人，也是辦公室的前主任之一。原先在一九七三年被理察・尼克森（Richard Nixon）欽點這個職位，而後的每一任總統也都持續聘請他擔任這個職位，直到二〇一五年，他在年屆九十四歲時退休。馬歇爾是個傳奇人物，因為他的智慧、創意、洞見以及提攜後輩的能力，讓他在國防社群當中如尤達一般的被愛戴。然而尤達提攜的後輩，路克・天行者（Luke Skywalker）備受世界寵愛，馬歇爾的明星後輩們卻較具爭議性，這其中包括了前副總統迪克・錢尼（Dick Cheney）以及前國防部長唐納德・倫斯斐（Donald Rumsfeld）。

在馬歇爾漫長的職場生涯中，他的核心專長都關乎未來。他分析未來，並比別人搶先一步影響未來。最一開始他擔任核武策略家，而在一九九〇年代時委託了一系列研究，最終這些研究的結果被稱為軍事事務變革（Revolution in Military Affairs）。人們慣稱這個研究為RMA，旨在駕馭網路科技，並運用電腦與精確導引武器（Precision-guided munition）把戰場帶到資訊年代中。[1]在一九八〇年，馬歇爾是最早將中國視為美國頭號戰略威脅的人之一。當時的美國還對科技相對落後與貧窮的中華人民共和國施展緩和政策。當美國試圖透過一連串的行政程序將中國轉變成為「負責任的利益關係者」時，馬歇爾的辦公室將時間花在組織戰爭遊戲上，研究北京的戰略思維，最終為與中國發生紛爭的可能性做準備。

在二〇一三年時我拜訪了馬歇爾先生，當時被引導經過一個拱形鐵門，進入他的淨評估辦公室。當他走進來招呼我時，我很驚訝一名年屆九十歲的人能夠如此有精神。他對他的年紀做出的唯一妥協，是在他打了領帶的襯衫外再穿上一件羊毛衫。他語速慢、不害怕沈默，在每個論點之後稍作暫停，讓他的想法慢慢沈澱。

在我們會面的過程當中，令我印象深刻的是他鮮少提及武器與科技，還有他是多麼的害怕中、美之間思考模式上的差距。事實上，若有人說馬歇爾對中國連結世界的看法感到著迷，是一點也不誇張的。他告訴我他鼓勵五角大廈的決策人們去研讀關於「東方思考」的文章，如法國哲學家弗朗索瓦・於連（François Jullien）所著的《勢：效力論》（*The Propensity of Things*）、認知心理學家理查・尼茲比（Richard Nisbett）所著的《思維的疆域》（*The Geography of Thought*）、甚至是跟中醫相關的書，如《沒有編織者的網》（*The Web That Has No Weaver*）。

他非常有熱忱的談論理查・尼茲比所做的一個項實驗：尼茲比要美國人跟中國人觀察一個魚缸。當美國人看到魚缸時，他們直接開始觀察魚，觀察這些魚游去哪裡，有多大隻。但中國人卻從魚缸的形狀開始觀察，觀察裡面的石頭跟植物，並依據這些針對環境的觀察，來了解魚在之中有哪些選項。馬歇爾告訴我，透過中國人的眼睛看世界是非常精彩的。他接著說：我們西方人，是如此著重個人舉止，而未察覺背景當中連結所造出的網絡。中國人一方面先試圖了解這些連結，以及連結所形塑世界的方式，並將個人行為舉止所帶來的改變視為較不重要的部分。

馬歐爾的中國對手如果聽到他的興趣，一定會感到受寵若驚，因為這樣的著迷是雙向的。在二〇一二年，陳舟將軍——中國國防白皮書的四名主要作者之一，稱馬歐爾為一九九〇年代與兩千年代中，為中國國防思想帶來改變的最重要人物。「我們不厭其煩的研究軍事事務變革」他說：「來自五角大廈的安迪・馬歐爾是我們的偉大英雄。我們翻譯了他寫的每一個字。」❷

在二〇一三年，我就預示到這兩個國家開始為新的兩極化年代做準備。馬歐爾跟陳舟都是冷戰時期的產物，他們的心智也都建立於一個強權衝突的年代。他們的作品，是為他們所預示的下一個將世界分化為中、美的冷戰所做的早期準備。而他們也全然預期到，當世界再度變回兩個部分時，曾經被伊拉克戰爭以及二〇〇八年金融危機分化的西方世界，將再次團結，屆時歐洲會成為自由世界的次級合夥人。

但當美國人跟中國人彼此互相著迷，同時忙著試驗他們各自對科技威力的理解、以及這樣的科技發展可能對世界秩序帶來的影響時，歐洲人朝著不同的方向邁進。歐洲的外交政策決策者並沒有對安德魯・馬歐爾或是陳將軍有太多的關注。在布魯塞爾的歐洲聯盟委員會對於他們跟中國、美國未來的關係有著不同的願景，對於網絡的威力以及他們在未來的角色也有著截然不同的想法。

因為曾經被歐陸近代歷史的亂象影響，歐洲將網絡視為國家之間能夠用來避免戰爭的橋樑，而非強權用來產生衝突的武器。他們將自己視為想要與中國建構戰略合夥關係、同時與美國維持盟國關係的國際主義者。顯而易見，即使美國與中國從互補關係轉移成競爭關係，歐洲也無法好好融入美國的陣營當中。我離開馬歇爾的辦公室後，我很驚訝的發現一個悖論——當我們進入完整連結的時代，這三個主要強權對於連結本身的看法完全不同。而在他們周圍的是第四世界國家們，這也包含了如洲一般大小的國家，而他們也都想要發表屬於自己的不同意見，而非依照別人的規則行事。

與其繼續被威權主義與自由世界劃分為二，二十一世紀的地緣政治將成為一場三個連結超級強國，與其他在這三股勢力之間航行的「第四世界」國家的戰爭。這些連結帝國的軍火庫所擁有的武器都不同，他們也抱持著不同的哲學觀，而他們各自也都經歷著巨型的進化當中。

我們該如何在這些強權變得愈來愈相似，以及他們彼此之間對於連結的哲學大相徑庭的事實間取得平衡呢？這些強權漸漸因我們先前所討論的，互相連結的羈絆所聚攏，然而，他們卻來自於非常不同的背景。因此，借用蕭伯納（George Bernard Shaw）形容美國與英國之間的話語，他們常常「因為一個共通的語言而分化」：亦即當他們使用同一個詞匯的時候，所指的意思是不同的。在探索全球秩序是如何被這些連結帝國間的戰爭所定義之前，值得做的事情是輪流的審視他們。第一章中我們觀察過，這些增長的連結是如何為強權間提供新的競爭機會、他們如何模仿彼此的技法，而這樣的情勢又是如何助長連結的安全困境的。在這個章節，我們會觀察這些新興連結哲學與彼此之間的關係為何。

華盛頓：守門人權力

傳統上來說，美國對於連結的想法，是由不同的族群所形塑的：創建網路的自由主義者、壟斷市場的矽谷創業家、情報體系的眼線、財政部的「灰西裝戰士」、美國國務院（State Departmenmt）的自由國際主義者、以及像安迪・馬歇爾這樣的五角大廈中的官僚。

雖然這些族群並非永遠同意對方，但隨著時間流逝，他們彼此妥協，並創造出一個由基本原則形塑出的行為模式。他們擁有著共同野心，也推廣著能夠調和自由國際主義者的理想、創業家的開闊視野、間諜與地緣政治掮客之權力抱負的開放網路。不論是因為自由主義者的政治直覺、商業目標、或因害怕政府變得跟中國與俄羅斯一樣，他們都傾向反對政府高度控管。他們支持依循開放社會、開放政府、開放國際系統所建立的自由國際秩序。這個方法背後的哲學，遵循著美國自由國際主義的傳統，而這個傳統也被布列敦森林體系（Bretton Woods system）、北大西洋公約組織、美國網際網路安全聯盟、「開放網路」的支持者，甚至是中國在國際貿易組織的會員身分所顯化著。美國對於開放市場與開放社會的偏好，與英國於十九世紀稱霸時期的喜好類似。因為美國的公司於許多領域中領先全球，開放對他們來說大有好處。也因如此，在冷戰及後冷戰時期，擁有開放社會的國家幾乎隨即成為美國的盟國。

但即便在開放的國際系統中，華盛頓似乎系統式的利用自己在全球網絡的中心地位，施行我們於前一章節探索過的兩個最有效的工具：守門人與資料探勘。美國已經以自己身為樞紐的既得利益地位來限制、威脅著要懲罰他人。上一章中我們看到，911恐攻後，美國財政部官員們開始探索，華盛頓要如何利用無所不在的美元，以及美國制霸全球的金融系統，以此對恐怖主義的資金動手腳。藉由威脅把公司排除在以美元為基礎的系統之外，他們發展出了束縛全球銀行部門的方法。更誇張的是，由於恐怖主義戰爭在全球涵蓋的範圍廣泛，美國因而能將全球交流網絡當作監控機制的一部份。

但在二〇一六年，美國對於連結的態度產生劇烈轉變。當拜登與其他民主黨員們一同觀察一場他沒有參與的選戰時，他目睹了美國的開放社會以及新自由主義哲學的前景，成為俄羅斯選戰干擾以及中國經濟脅迫的軟肋，而川普也在選戰中利用這點。❸而這正是為什麼，在美國以劇烈的方式嘗試重新加入世界舞臺的同時，美國也重新思考他們對於連結的態度。當拜登談論保護公開的國際秩序時，他真正想要的是讓美國免於外部干擾的秩序，而同時，他也希望在全球連結的面前，美國能夠擁有更多可以被施展的手段。

雖然拜登回絕了川普「美國第一」的原始渴望，但他稱他的外交政策將必須為中產階級服務，同時避免美國的中產階級受到全球化的蹂躪。❹

民主黨並不支持美國與中國之間經濟的全面「脫鉤」，但他們希望能夠確保貿易談話，將工作機會保留在美國，同時保護美國的中產階級，而非保護企業的利潤。❺這將包括發展更強大的產業政策，將許多主要產品的生產線帶回美國與盟國中，藉此避免被像中國這樣不友善的國家勒索（拜登於選前發布的少數競選文宣中，就有一篇在討論重新思考美國的供應鏈）。❻

拜登的目標，是用一種不會為雙方帶來災難性的戰爭、抑或是像冷戰局勢一樣全面脫鉤的方法，擴大與中國的競爭。❼他不與川普所說的「中國利用開放網絡系統來對付美國」的信念競爭，也不相信美國應該要還以同樣的手段。但跟共和黨不同的是，他想要透過和亞洲與歐洲的盟國緊密合作來達成目標。

驅動美國這麼做的原因之一，是因為他們重新評估了美國的影響力。美國是否擁有足夠的力矩來影響中國，讓他們改變他們的手段？這個議題也曾在川普辦公室引起一大爭論。拜登團隊的評估是——川普的實驗顯示了單邊主義（Unilateralism）的限制。他們認為只有集體的壓力、共同制定規則的努力，才能在長遠之中湊效。這麼做的關鍵點在於，他們從開放以及與世界結合的立場，轉而只與可信賴的盟友產生有深度的融合與協調。對拜登的團隊來說，為了要保有美國的影響力與技術優勢，這是一個必要的行動，而非一個選擇。他們發現到，他們若踏上「美國唯一」的道路，將沒有辦法在 5G 或半導體領域中為全球設下標準。

拜登的團隊也很可能會考慮科技領域中的規範政策。俄羅斯在二〇一六年美國總統大選的干預與假新聞在美國的擴散，無可避免的造成如此轉變。除此之外，地緣政治也是讓美國重新思考的原因之一：對抗中國的擴張主義（expansionism）與在歐洲尋找盟友的最好方法，將會是對隱私與規範下文章，同時希望中國的科技巨頭們（同時也是中國共產黨與中國政府的代名詞）會無法符合這樣的標準。拜登的團隊很可能會悄悄的重新定位，關於民主黨於布希或歐巴馬執政時期的核心策略，轉而趨向一個更破碎與多極化的世界。

拜登團隊已經傳遞出想回到建立秩序的崗位意圖，但是這個新的「系統建立」更傾向建立於「想法類似」的民主國家群體中，而非透過中國或俄羅斯握有決議權的國際組織。這可能導致全球系統更嚴重的分裂，而形成彼此敵對的團體。

北京：關係權力

中國外交學院創校於一九五五年，由毛澤東的左右手，也是當時的前外交部長，周恩來所建立。目的就是要訓練有共產主義思想的外交官，並指示他們該如何在世界推廣長期的革命。雖然在文化大革命期間，學校被迫關閉，但在一九九〇年，鄧小平重新辦學，要訓練新世代的外交官，只是這次並非要轉變外面的世界，而是要向外面的世界打交道。當我去北京旅行時，有時會去拜訪外交學院現在的院長，秦亞青，與他一同在他的會面室大扶手椅裡喝茶，或在學校對面的餐廳裡吃午餐。他為人溫文儒雅，有著光滑面孔，一口流利英文，顯現他原先受過的翻譯員訓練。

秦亞青不是一個單純照黨行事的人，而是位嚴肅的思考家。他因為翻譯了亞歷山大·溫特（Alexander Wendt）的著作大受好評，初次在中國的學界中展露頭角，溫特（當時）是西方國際關係中新的學派，建構主義（constructivism）的元老之一。他比其他中國的外交學術家來得更偏鴿派。比起其他更鷹派的聲音，他的聲量或許也較小（我在先前寫的書《中國怎麼想》與《中國 3.0》（*China 3.0*）中有提到某些思想家）[8] 但，即使他有著鴿派的個性與對於西方思想的仔細研究（這其中包括他在密蘇里大學（University of Missouri）留學時的研究），秦亞青是少數想要藉由發展「中國派的國際關係」，並將中國從西方思想中解放的學者之一（有點像我們於第一章提到的鷹派學者，閻學通）。在他現在的職務中，秦亞青被指派要訓練出下一個世代的中國外交官，將習近平的中國夢推銷至全球，並為他一帶一路的野心鋪路。

跟安德魯·馬歇爾一樣，秦亞青也研究過理查德·尼斯貝特的《思維的疆域》。他對比較古代中國思想與古代希臘思想模式的一段內容特別有印象。古希臘人，根據尼斯貝特所述，大多將自己視為獨立的個體。個人是構成社會的核心單位，而非團體。但古中國人，將自己視為互相依賴的個體。在他們的世界觀中，最重要的是人與人之間的關係。之於古中國人，組成社會的是家庭，而家庭是由一系列忠誠心所創造出來的，而非個人。當希臘人將自由的追求視為最高目標時，對中國人來說，不論是因為道家或儒家所帶來的影響，最重要的探詢，是群體之間的和諧。[9]

秦亞青的論文被鄭永年背書。鄭永年是一位政治學家，也是一位非正式的政府顧問，他也研究過網路以及全球化是如何改變中國的政治。

「西方對於國家的信念是一個法制社會」他在二〇二一年初的一個訪問中對我說「中國是個『關係社會』」。他認為這樣的關係也在家族關係當中以「父親為圓心的放射狀關係」被體現。鄭永年說這樣的階層關係模組也延伸至政治體系。只要觀察北京環狀道路就可以發現一些端倪。他說道：在中心一環是共產黨總部，在二環道路當中的是政府，再來全國人民代表大會位處三環，而中國人民政治協商會議全國委員會辦公廳在四環，依此類推。

秦亞青與鄭永年也論證：孔子對於關係的關注，影響了中國對於相互連結的世界看法，他們同時拿西方的觀點來與之比較。鄭永年稱西方人通常用地理的角度來觀看國際關係，但對中國來說，重要的並非兩國在地理上的實際距離，而是彼此在社會與政治中有多接近。「如果在政治關係中是相近的，我會給予對方更多（特別待遇）」他說「將對方放在與我很近的環中。如果我感到他距離我較遠，我會將他放到三或四環。」他舉中國與澳洲為例，兩個國家地理位置相近，但卻時常起紛爭，「我們的關係並非因為國家利益不同所致，而是在政治上，他們並不覺得自己與我們相近。」

秦教授說，儒家的體系也讓中國人對於權利有不同的想法。西方人，他稱：認為個別政府是國際關係的關鍵，他們藉由比較個別政府的科技、軍事、經濟、跟組織來衡量權力。中國人比較不著重於個別政府的能力，而更關注於他們與其他政府的關係（雖說如此，中國智庫卻詳細的製作出不同國家的「綜合國力」）。最有影響力的國家，是與其他國家擁有最多連結的國家，以及身在系統最中心的國家。對儒家來說，你應該依照對方對你展現出的忠誠度來調整你對待對方的方法。與其試圖改變他人，要他們符合自己的價值觀與生活方式，你應該試圖找到彼此共同相處的方法。[10] 儒家的系統仰賴互相幫忙（人情）與彼此懲罰來運行，而非透過法律來規範。[11] 當初也是這樣的儒家體系，讓中國在明朝（一九六八年至一六四四年）得以建立起以中國為主導的國際關係，將韓國、日本、與蒙古人列為藩屬國。

在習近平開始發展一帶一路時，許多人認為這樣的思維也影響了他，讓他著手創造一個「天下」、一個以中國為中心的命運共同體。習近平對於他在歷史中的定位做了許多思考，而一帶一路也讓中國重新思考，自己該如何面對全球化，及其黑暗面。在二〇二〇年，習近平用「經濟雙循環」的標語發布新的願景。[12] 在二〇二〇年八月，一場於中南海和中國總書記共同參與討論「雙循環」的座談會，鄭永年是九個被精心挑選出來的參與者之一。

在這個聽起來很技術性的詞彙背後，是一個能夠改變全球經濟秩序的想法。與其成為一個透過貿易和投資與世界連結在一起的單一經濟體，中國正在自我形塑成一個分流經濟體。一個領域（國際外循環）會維持與世界中其他角落的連結，但會漸漸的被另一個領域（國內內循環）取代，而這個領域將會培育國內需求、資本、以及思想。雙循環的目標是要讓中國更獨立自主。在先前以出口導向為主的發展之後，中國決策者正在試圖讓自己的供應鏈更多樣化，因而能夠避免自己被美國用我們在第一章探討過的方法霸凌，同時藉由供應鏈取得科技與技術。藉此，中國也能夠試圖讓其他國家更依賴自己，因而將他們的外部經濟連結轉化成政治力量。

當習近平在重新思考經濟連結的同時，他也闡明了「大安」的概念。除了單純擔心軍隊藉由陸路或海陸進攻，中國需要更加保護自己，使自己免於各種因為互相依賴關係而被操弄的危險，不管在經濟連結與貿易、電信與新聞媒體中都是。⓭ 習近平的任務是降低中國暴露於全球化的機會。鄭永年解釋這點的重要性：「所有事情都能夠構成維安問題，因為中、美兩國太過互相依賴。中國將會在科技發展中注入更多精力，某程度上的脫鉤會是無可避免的，然而這樣的脫鉤對兩國關係來說都是有益的。」許多搶眼的新措施如「中國製造 2025」與「中國標準 2035」都是設計於使中國在未來，能在重要的科技產業中達到七成自己自足的計畫。習近平也嘗試藉由多元化中國的投資，與嘗試數位人民幣，及使用一個與美元沒有連結的新付款系統，降低中國對美元的依賴。

在二〇二〇年的夏天，中國的權威人士與某些在中國的大型外國公司接觸，要求他們準備派遣高級代表參加一個最高機密、小型、閉門的會議，與政府的高級官員於不公開的時間、地點討論中國新的經濟策略。在中國，事件的發生形式與內容通常都是有關連的。根據與這次會面有直接相關，堅持匿名的兩位人士向我透露，這項會議的組織人，要求各個公司只能派遣華裔代表，而這幾乎就是北京希望發展自己的科技、自己的能源、嘗試依賴自己國內，而非國外消費能力的最佳比喻。在雙循環的策略下，北京對於數據、研究、開發以及標準的規範，會使西方主要的企業們，必須在自己身上注入中國特色，否則就得全面撤出中國。正如一位高層企業觀察員告訴我「中國的想法是，如果像戴姆勒（Daimler）或福斯（Volkswagen）這樣的公司想要在中國內部運作，他們就必須要將服務、研發以及商品移至中國。北京希望雙循環能夠將這些公司轉化成中國的公司。」

習近平的手段很極端，但也與先前從鄧小平後的共產黨領導人們的哲學觀相呼應，他們都想找到西方經濟進到中國的機會與讓中國受到政權更迭、勒索風險之間的平衡。這些衡量因素，使得中國踏上在開放與改革的過程中，謹慎搭配如資本控制、防火牆這樣的政策、或拔擢本地新創公司等舉動。

在討論外國勢力改變中國的可能性，並採取防禦措施的同時，習近平也因為中國自己的弱點，[14] 將互相依賴視為對其他國家潛在影響力來源。中國政府與學者仔細的研究美國對於「脫鉤」的辯論，同時探索要如何用相同的方式回應。由於中國當前還沒有如此強大，他們花了很多時間思考，如何在美國的網絡中克服自己的弱點以挑戰美國。在中國二○○一年的暢銷書排行榜中，《超限戰》對於連結最侵略性的手段，有最著詳盡的辦理事項。這本書列出了一系列的「非軍事戰爭」策略，並論證說明「士兵並不壟斷著戰場」（詳見表格一）。

習近平正用自身的實力，而非弱點來觀察該如何將連結武器化。他正在利用中國壯大的國內市場去霸凌其他國家，使他們加入中國帶領的隊伍。

他底下的官員已經利用扣押醫療資源、關閉市場、撤回投資等手段，對不遵守中國要求的國家做出威脅。而習近平也似乎將古代中國的思考哲學放入了一帶一路的執行面中。他的總計畫似乎被一個動機推動著：希望將中國變成世界的中心國家——中國！一帶一路奠基於將中國與全世界連結的舉動之上，同時對那些面對中國展現出足夠尊重的國家釋出善意。這個計畫包含了不被法則或組織全面約束的彈性關係。即便中國的貿易以及經濟力量，正導致世界與中國之間的連結不斷增生，他們最創新的地緣經濟手段涵蓋實體、虛擬、建立機構上的基礎建設。今天的中國比以前都還更頻繁、獨斷、多元的利用連結。

軍事	跨軍事	非軍事
核武戰爭	外交戰	金融戰
傳統戰爭	網絡戰	貿易戰
生化戰	資訊戰	資源戰
生態戰	心理戰	經濟援助戰
太空戰	戰術戰	法規戰
電子戰	走私戰爭	制裁戰
游擊戰	毒品戰	媒體戰
恐怖主義戰爭	虛擬戰（抑制）	思想戰

表格一：不受限制的多面向戰爭

Source: Qiao Liang and Wang Xiangsui, Unrestricted Warfare（Beijing: PLA Literature and Arts Publishing House, 1999）

布魯塞爾：規則制定者

你可能沒有聽過瑪格瑞特・維斯塔格（Margrethe Vestager）這個名字，但她被讚譽為連結世界的救世主。身為歐盟競爭專員（Competition

Commissioner）的她，是少數擁有足夠權利以及自信，對抗創造我們被網絡連結的世界科技巨頭，以及那些已經擴張得比許多國家還要巨大的公司。在過去幾年間，她對 Google 祭出了八十二億歐元的罰款，因為 Google 將 Chrome 加入 Android 系統的瀏覽器中，並藉此試圖將其他公司的廣告屏除在瀏覽器外。她也因為 Apple 逃稅的關係，史無前例的祭出了高達一百三十億歐元的罰款（加上減少其十二億歐元的營收）。她還發動了新的科技規則手冊，這本手冊樸實的被命名為一般資料保護規範（General Directive on Privacy Regulation）（GDPR），迫使許多公司在取得並且貨幣化消費者的資料之前，得要取得消費者的同意。在二〇一九年，維斯塔格將目標放在 Facebook 之上，並且承諾要調查他們新的數位貨幣，Diem 幣（前身為 Libra）。[15]

並非所有人都認同這些政策的每個細節，事實上歐州法院（European Court of Justice）近期才推翻她對 Apple 開罰的決定，然而我們卻很難不對她的勇氣印象深刻。大多的政府將科技革命視為像天氣一般的存在，像是一個我們必須要適應的東西，然而她的野心在於控制季節的轉變。

維斯塔格是個特別的人物，即使出身於歐洲最小國家的小政黨，她仍然有辦法躍升到世界中最有權力的位置（她是著名丹麥電視劇《權力的堡壘》[Borgen] 當中首相的原型人物）。她是網路的最高科技管理員，但她卻因為不同意 Google 的隱私條款而拒絕使用 Google（她轉而選擇歐洲的搜尋引擎 DuckDcukGo）。她相信科技革命的潛力，但她希望政策能夠形塑這場革命。她是為人所知的實用主義者（pragmatist），但她同時也是道德正直的固執守護者。維斯塔格的道德規範，無疑受到拉拔她長大的兩位路德教派牧師影響。然而，雖然維斯塔格的生成背景非常獨特，她面對網絡以及規範的態度卻不太出眾。維斯塔格對於連結的代辦事項，正是歐盟態度的最佳展現。

像其他政權一樣，歐盟也盡全力地推廣著被網絡連結的世界。雖然歐盟的政客常想透過旗幟、國歌、匯率、以及護照建立一個名叫歐洲的國家幻象，但最終，歐盟仍舊並不是一個政治共同體。歐盟是一個去中心化的網絡，允許國家之間能夠同時擁有兩個世界的最佳利益：同時享有大陸大小的市場與匯率，以及因應國家層級的政治決策。歐盟內部不同的權力中心，或「節點」，是會員國、歐洲的機構以及其他部門，依照歐盟條約謹慎且事先定義的藍圖行事。這些節點水平式，而非垂直式的共享權力。他們全都互相依賴，而即便他們在不同議題上所承擔的責任不相等，沒有任何一個節點能夠忽視其他節點，不論那個節點的影響力有多大。像歐盟這樣的開放網絡系統，若只單純的依賴工具性的合作，是沒有辦法存活太久的。歐盟的創始成員意識到，歐盟需要有清楚的規則以及常規，來掌控成員能夠做些什麼。

這正是歐盟所面臨到的悖論之一——一方面他們熱切的贊同亞當·史密斯（Adam Smith）所說的，相信貿易與互相依賴能夠抑制國族主義以及軍國主義（Militarism），但同時，一旦你將自己與他人的邊界撤除，你就需要確保對方不會濫用他們的權利。因此，當你提供更多的開放性給他人時，你就需要更多的常規。當新的國家想加入歐盟，他們需要將超過八萬頁的法規融合到國內的法條中，而這些法律掌管的範圍從同志權力、死刑、除草機的噪音排放、到食品安全等所有事情。這正是歐盟的作業系統，也被稱之為《共同體法律總匯》（*Acquis communautaire*）。

歐盟並不只是要求自己遵從作業系統本身，他也嘗試要求所有與他們網絡有所接觸的人遵守同樣的規則。這種條文的輸出，已經延伸到歐盟與盟國以外國家的所有來往中，而歐盟所簽署的每一個貿易來往以及聯合協議，都有附加的價值條款。而因歐盟握擁全世界最大的單一市場，即便是跨國公司都得依賴進入歐盟境內的許可權。[16]歐洲利用這個經濟上的權力，倡導他們對社會該被如何規劃的認知，同時威脅將沒有達成這種規範標準的公司屏除在外。

比如在歐盟與中國的競爭中，布魯塞爾不只想取得中國市場，也想防衛使歐洲具有更高薪資及各種社會保障的社會模式。在環境及食品保障方面，比起其他政權，歐洲也顯得更保守。歐盟採取預設最糟情況會發生的「預防原則」，同時嘗試預先防範問題發生，而非在事情產生後處理、善後。這種哲學也存在於歐盟阻擋基因改造生物（GMOs）、氯洗雞肉與施打賀爾蒙的牛肉進入歐盟的禁令，這樣的背景也讓歐盟與美國之間有了嚴重分歧。歐盟有保護文化多元的常規，同時也有良好掌控農村農業的角色。所謂的「布魯塞爾效應」（Brussels effect）讓歐盟在許多領域，包括電腦軟體、兒童玩具、化妝品、家用電器以及食品安全等範疇，成為設定世界標竿的角色。[17]

瑪格瑞特・維斯塔格一直遵守她前輩所設下的行為模組，但因為她以工業化的尺度使用這些權力，她必須注入更多心血。當我與彼得・泰爾在加州對談時，他對我傾訴：許多矽谷科技公司其實相較於華盛頓，更害怕布魯塞爾。「他們了解華盛頓，同時知道如何影響華盛頓。」他解釋「但即便他們擔心布魯塞爾會對他們造成不利，他們還是不知道該如何影響布魯塞爾。」

維斯塔格能夠將歐洲的偏好強加在世界上的能力，來自於歐盟不尋常的組成架構，以及歐盟在全球貿易的主導地位。但這樣強加舉動會管用的唯一原因，是因為在歐盟內部的成員也都遵從這些原則。這樣的規範能力，比起傳統的外交政策工具更不費成本、更能夠被忍受、更能被利用，同時更不容易被對手摧毀。我們不應該忘記歐盟推廣全球網絡的最重要目標，並不是發展新的權力工具。能夠建立起一個超越強權政治的世界，一直都是歐盟廣大願景的一部份。歐洲人一直排斥著拿現實政治（Realpolitik）或軍事權力當作解除紛爭的手段，他們試圖走向藉由法庭來解決爭端的情勢。他們相信貿易的文明化力量會是避免戰爭的方法之一。雖然他們相信市場經濟（Market economies），並不相信市場社會

（Market societies），同時想要保護他們的社會模式、文化、環境，免於市場力量的影響。最重要的是。他們希望被網絡化的世界能夠被一個重視「共享主權」，而非重視國家主權的「作業系統」所治理。[18]

第四世界

世界上大多數的人並不住在美國、中國、或歐盟，許多人也敏銳的覺察到連結所帶來的矛盾影響。一方面許多國家因此受益，他們看到自己的經濟因全球化，及被綁入三個巨大經濟推動力：美國、中國、歐盟所帶來的機會。原物料的價格快速上漲，從石油到天然氣；從銅到鋁、鈷、鋰都是。新的投資資金得以流入，有些人也獲得藉由移民來追尋他們夢想的機會。在此同時，卻也有許多國家對於殖民時期的利用、失去控制，以及成為其他帝國邊陲的羞辱感記憶猶新。這些國家當今最大的擔憂，是再次得聽命於這三個連結大帝國的勒令，同時得要在這三者之間擇一，而非握有自己命運的主導權。

雖說如此，比起傳統二十世紀的權力平衡，中型國家被強權國家的優秀科技、火力超越的歷史，再這個新的世界，提供中型國家更多的地緣政治選擇。這個情勢也導向各種小眾的策略。

俄羅斯將自己轉變成製造社會混亂的始作俑者。最近的外交政策就包括停止供應天然氣、制裁、驅逐工人、網路攻擊、假消息攻擊、以及試圖製造西方主導的跨國組織，如聯合國或歐洲安全與合作組織中的僵局。這些都成功形塑了他周遭的鄰國，以及其他國家的行為模式。在移民人口數量甚巨的年代，土耳其也利用控制人群流入歐洲來行使權利，要求用簽證限制及金融援助，以緩解三百萬敘利亞人民居於土耳其的沈重負擔。即便石油價格低靡，沙烏地阿拉伯也利用每天一千萬桶的石油萃取量來當作力矩，即便造成短期的損失，也要將全球市場塑造成對自己有利的模樣（同時也使得市場變得對敵對國家如伊朗、俄羅斯、美國的頁岩油等公司不利）。更有甚者，他也願意投資幾十億油元（Petrodollar）來支持自己的外交政策目標。如在阿拉伯之春時，他們就援助埃及反革命政權的阿西西將軍（General Sisi），或用金錢發動代理人戰爭來對抗伊朗與葉門。因為意識到石油優勢的期限將至，沙烏地阿拉伯現在正嘗試朝向後炭（Post-carbon）的未來，並且為自己成為中東長期經濟主導角色鋪路。伊朗模仿沙烏地阿拉伯的野心，將自己與地區內什葉派的社群連結起來，同時支持如哈馬斯、真主黨、以及真主虔信者（Houthi）等願意為他們出兵的民兵組織。伊朗同時也藉由攻擊霍爾木茲海峽的船隻、對沙烏地阿拉伯的石油巨頭沙特阿美（Aramco）發動網路與無人機攻擊，以癱瘓他們的設施，藉此擾亂全球能源市場。

當我們朝著本世紀的中葉前進，非洲人口將會趕上印度或中國的人口數。非洲會是下一個新興市場的前線，而這也是為什麼在被地緣政治忽略數十年後，所有強權都嘗試想加深自己與這塊大陸的連結。歐洲人與中國人正在彼此競爭，要讓非洲國家遵循他們各自的資訊隱私標準；美國也因認為非洲能夠成為抗衡中國崛起的勢力，而對這塊大陸更有興趣。然而，即便許多非洲國家在這之中扮演要角，但五十四個非洲國家在政治上是如此分裂，以至於他們在可見的未來內，皆無法產生足以影響全球的集體影響力。甚至，很少非洲國家會同意「全球化年代帶來國界消融」這樣的想法，因為就連工作令人敬重以及富有的非洲人，在得到簽證並且進入歐洲的堡壘或美國之後，都會抱怨說他們經歷的經驗是非常羞辱人的，而這也驅使非洲，使他們更願意與中國產生互動。對於相對不幸的人來說，正因無法合法移動的事實，創造了大批的移民潮，因為他們冒著生命危險，違法的跨越國界（然後待在入境的國家內），而非依照法規的許可來回移動。在西方的認知中，認為這個年代移動是非常容易的見解，正是這個事實對決策者來說有多不可見的最佳鐵證。

在環太平洋，我們可以看到日本、韓國、澳洲、以及東南亞國家協會（ASEAN）都嘗試著與中國維持經濟聯繫，同時與美國在軍事上達到共同防守的情勢。這些國家中，許多曾是重新調整他們與他國互相連結的關係、同時在最敏感的基礎建設部分，如5G，將中國排除在外的先驅者，而他們這麼做的原因，全是為了預防中國取得他們的資訊。一直以來，他們主動的互相合作，並嘗試與他們鄰國以外的國家產生更親密的關係，以增加行動的自由度。

在第四世界裡面，最重要的開放式問題可能就是印度了，一個對於當代有巨大野心的古老文明。印度擁有成為自成一格的極端潛力，但截至目前，其態度都偏向防衛性，而非策略性。一點也不令人意外的是，在痛苦難忘的帝國主義歷史之後，關於「資料殖民主義」的辯論，在印度也再鮮明不過。德里在重要部門的領先科技、本身巨大的市場，讓他有能力成為在未來世界中訂定科技規則的重要角色，同時移居在海外的兩百萬名印度人，也讓印度有能力將觸手伸入世界各個角落中。當印度在二〇二〇年決定，禁止超過兩百個中國的app進入印度的網路、限制中國資方對印度公司的投資時，中國的體系中掀起一大波震盪，因為印度是唯一一個有潛力將自己擴展到與美國、歐盟、中國市場齊力相當的市場。[19] 如果中國能將自己的科技產品外銷至印度，即便被西方排除在外，還是能從印度廣大的消費市場中獲利。

此刻在印度中的活躍辯論，是追隨中國的腳步、斷絕國外的供應，還是追求自主權及在地化。然而截至目前，印度還沒有太多人致力發展，一個夠與美國、中國、歐盟匹敵的跨國連結範圍「印度式連結哲學」，大多關於連結的討論都更偏向防禦性的策略發展。印度政府在近十年才開始重新思考他們對於建造與中國邊境之間道路與鐵路的禁令。在兩個亞洲強權於一九六二年戰爭後，印度擔心交通的連結可能會被中國軍隊拿來當作入侵印度領土的工具（而這個恐懼在二〇二〇年，當在兩國邊境有暴力衝突發生時重新復甦，導致二十名士兵死亡，數十名受傷。）而在此同時，對於中國的一帶一路計畫，印度也擔心中國會「包圍」自己，並以對印度利益不利的方式重新連接他們的鄰國。

	歐盟	中國	美國
思考重點	規範	關係	工具
策略	守門人（會員制）以及制訂規則	中心性（對於國家體系以及利益來說的中心）	守門人（咽喉點）以及資料獲取（監控）
權力指標	歐盟的消費者與公司的福祉	連結以及中心的數量	（GDP、軍事與科技）能力
計算單位	規範數	關係數	資源量
預防原則	禁止基因改造生物入境	預防犯罪式的逮捕	預防性戰爭

表格二：一個地球，三個連結願景

我們既沒有進入兩極化的世界，也沒有成為無政府以及沒有極端化的混亂世界，我們現在目睹到的是一個「第四世界秩序」的興起。三個連結帝國，對於如何整治世界有著本質上不同的想法，同時其餘的國家，成為第四個世界，被逼迫在他們三者之間找尋方向。

美國漸漸與中國脫鉤，並且利用自己的中心性來輸出自己對於外交政策的偏好。在美國抑制中國的政策中，其中一個層面，就是經濟共榮網（Economic Prosperity Network）：簡而言之，就是依照自己的規則，重新建構一個分離的系統，給「想法類似」的民主國家與市場經濟互相貿易、投資、傳輸資料，以依照自己的規則創造價值鏈。因為美國對於將中國匯流於市場（或民主）的想法已經失去信心，他決定重新建構一個將中國排除在外的平行宇宙。

中國的「中國製造2025」及一帶一路的計畫，促使美國開始重新思考。這些政策正是被設計來趕上美國的發展，藉由建構與世界其他國家的連結以超越美國。中國曾經希望取得以西方為中心的網絡通路，同時維持自己的主權。但今日，中國的主要目標是以自己為中心，建構一個新的網絡。

同時，歐盟仍嘗試保護像國際貿易組織、國際貨幣基金組織（IMF）與世界銀行等跨國組織，然而，當這些國際組織漸漸因為強權鬥爭的過程而變得窒礙難行，歐盟開始轉而為自己而行動。歐盟也變得不再近乎信仰式的依戀，以在全球化世界中推銷互相依賴的關係，變得更喜歡藉由更競爭的方式宣示自己的主權。

表面看來，「第四世界」的窘境有點像是冷戰時期的「不結盟運動」，而實際上，第四世界的前景看似更加有希望。「第四世界的秩序」特色，是不同團體之間高度的接觸，而這個接觸除了透過正式組織之外，也透過國家之間高密度的經濟貿易而發生。不同的是，在冷戰期間所謂的「不結盟」國家時常發現自己被困住，如今，即使這三個帝國都會逼迫他們選邊站，這些第四世界國家也都會嘗試從三個帝國身上獲取利益。

這個新世界的主要競爭範圍，涵蓋了我們在第五章中所提到的所有戰場：經濟、基礎建設、科技、人口流動、國際法律。這三個強權已經發展出了新的武器以及防禦系統，在放棄使用坦克以及戰鬥機之後，他們使用的手段是規範以及準則、運輸系統的控制、供應鏈、政治宣傳、制裁、加密、貨幣政策以及金融系統。然而，分化他們彼此的並不只是利益而已，他們彼此分化，正因為他們都透過不同的眼睛來理解這個被連結的世界。

當華盛頓看世界的時候，他看到網絡地圖當中的樞紐，並探索著他們能夠從哪裡來監控或者制裁別人；當北京觀看世界時，他看到關係，並探索著如何能夠將其他國家連結進自己的市場中，並且利用基礎建設連結，將其他國家綁入中國的影響範圍內；而當布魯塞爾觀看世界時，他們看到的是個別的節點，或更明確的說，歐洲消費者以及公司的福祉，並同時思考什麼行為準則或規則對他們最有利。

而即便他們利用同樣的語言，他們也可能意指不同的東西。比如預防原則（Precautionary principle）：對中國來說，這通常指利用人工智慧來發現個人可疑的活動，並且在這些嫌疑人犯罪**之前**就逮捕他們；在美國，這通常指的是利用無人機對抗威脅美國安全的恐怖主義的「預防攻擊（Preventive strikes）」；而在歐洲，這可能代表著的是廢除基因改造生物產品。

望眼未來，許多最大的危機會因這些不同體系與「第四世界秩序」發生衝擊而產生。習近平並不是唯一一個在互相依賴的年代中發展出

「大安」這個信念的領導人，美國與歐洲也有類似的想法。而這些關於安全的「大」概念，也引領這些參賽的角色擴張自己的管轄權，並且侵犯其他強權的管控範圍。舉例：美國已利用美元在全球的覆蓋率，透過對跟伊斯蘭共和國有往來的公司實行「二級制裁」（Secondary sanction），藉此將自己對伊朗的政策強加到其他國家身上。這迫使像道達爾（Total）與空中巴士（Airbus）等歐洲公司收回與德黑蘭簽署價值上百萬歐元的合約，即使這些公司所駐點的歐洲國家政府樂見這些合約繼續實行。同樣的，歐洲也在數據隱私及競爭政策（Competition policy）上，藉由要求美國以及俄國遵守他們的規範，把自己的規則強加在他們身上。而中國的例子，則是嘗試透過威脅要將對方排除在中國市場外，將對手的政策在世界中噤聲。中國境內有個潛規則：只要公司行號、公民不觸碰政治，就能照常生活，甚至過上好生活。而現在這個規則也被輸出到世界的其他角落：中國政府威脅外國政府、運動團隊、大學、時裝品牌、以及電影製片公司，只要他們以中國對香港、新疆、臺灣、西藏、或者對於Covid-19 的處理方式發表意見，就會被制裁。

這三個普世主義（Universalist）計畫的持續現身，彰顯著在未來幾年，會有更多的衝突發生。事實上，在先前年代中，分裂世界的地點附近，我們也可以看見連結衝突發生的潛在身影。

其中一個以新面貌重新加入前線的國家是比利時，也是我長大的國家。這個小巧、平坦的國家一直都是全球衝突的熱點，從拿破崙時期到第二次世界大戰，每當外國軍隊與其他國家發生衝突，都會行經比利時。而同樣的事情也發生在今天，然而今天衝突卻是以全球管控的形式發生，而非以壕溝戰的形式出現。一項我們討論過的範例是關於，一間提供銀行國際金融市場通路的金融資訊服務公司。當美國針對伊朗經濟時，他們的首要步驟之一就是對環球同業銀行金融電訊協會施壓，要他們將伊朗屏除於他們的系統外。而這個註冊於比利時的公司董事，遵從了這項要求，掀起許多關於歐洲主權的疑慮。不管是中國、美國、俄羅斯之間的規範，布魯塞爾在未來會在這個議題中，持續成為各種類別的前線戰場，而他們自身也會是參與其中的玩家之一。

另一個連結的戰場是巴爾幹半島，這個孕育第一次世界大戰的易燃區域。是舊帝國：俄羅斯、中國、土耳其、歐洲，曾因民心的不同而相會並鬥爭的地方，但這些玩家之間的新衝突，與一個世紀之前讓這些強權分裂的形式天壤之別。今日歐盟與俄羅斯、中國在此地競爭的原因，是能源管線、取得政府合約的規則、以及這些經濟體系所規範的使用權。

如果說巴爾幹半島是二十世紀初期的火種盒，那麼印度洋至太平洋海域很可能是二十一世紀前半期的火藥庫。像閻學通這樣的思想家已經警示過戰爭可能圍繞在臺灣、或某些礁島與中國東方及南方的海峽上的島嶼周圍。但我們也可以看見在像萬那杜、巴布亞紐幾內亞或東家這樣的小政權周遭，也有競爭發生。衝突目的並不是像早年一樣爭奪生存空間，而是為了取得貿易道路、以及在二十一世紀的全球化世界中取得連結。

在非洲，也有一種新的紛爭出現。十九世紀，所有歐洲帝國都為了要獲取非洲的土地、資源而互相競爭，而今天，這些強權為了要增加自己在非洲的存在感而有新的舉動產生。當今的目標並不只是掠奪自然資源，而是為了要接近這個成長最快速的經濟體與市場。從二〇一〇年到二〇一六年，就有超過三百二十個大使館在非洲開張。[20] 而這個競爭並不只來自於歐洲、中國、與美國之間，就連沙烏地阿拉伯、俄羅斯、印度、以及土耳其都參與其中。這當中的每一個政權都希望非洲能夠追隨自己的規則與標準，以取得資訊與網路的規範、海軍基地、貿易路線、以及控管人口流動的方法。

在未來幾年，因土地、海域的掌控權而引發的地緣政治紛爭，機會愈來愈小。轉而，這些紛爭會因為移民協議、離岸金融中心（Offshore financial centres）、假新聞工廠、政府援助、電腦晶片、投資保護機制、以及貨幣戰爭而起。如同大家會因連結世界的流動而競爭，「第四世界秩序」會成為一場創造連結規則的競賽。

265　第七章　連結的帝國

265　第七章　連結的帝國

8

結論　解除連結的武裝：一篇宣言

夏威夷的經濟結構，實實在在顯現出全球化的一體兩面。當地政府一半的 GDP 來自將此地視為與中國對抗前線的美國國防部，另外一半則來自觀光，特別是因婚禮而來的觀光客。夏威夷的經濟因愛與戰爭而生。因處連結與衝突之間，而被撕裂，成為世界的縮影。

The Age of Unpeace:
How Connectivity Causes Conflict

對許多美國人來說，當他們想像地緣政治的未來，腦中浮現的是夏威夷。若你身處歐胡島（Island of Oahu），坐在位於霍蘭・史密斯營區（Camp H. M. Smith）的印太司令部司令（Indo-Pacific Commander）辦公室，看著太平洋，你會覺得自己有點像《星艦迷航記》（*Star Trek*）中的寇克艦長，坐在企業號星艦的甲板上，成為防衛自由國際主義的最後一個前哨戰，面對迎面而來的混亂。

夏威夷在美國人心中是顯為人知的。一九八三年當美國成為帝國強權，他們的海軍帶領著政治轉變時，夏威夷在這。當珍珠港遇襲，而美國起身成為二十世紀的國際強權時，夏威夷也在這。更近代的是，當歐巴馬的心智茁壯，並且擁抱不同以往的美國領導模組，一個讓亞洲更有機會成為「樞軸」（Pivot）或有機會「再平衡」（Rebalancing）的模組時，夏威夷也在。而為了與中國之間可能發生的戰爭所做的前置準備，也在霍蘭・史密斯營區，這個軍事控制中心內發生。

較鮮為人知的是夏威夷也是「中國革命的搖籃」。孫中山，近代中國的創始人，當時是夏威夷首都普納荷學校（Punahou school）的學生，這所學校也是歐巴馬年幼時就讀的菁英學校。「這是我的夏威夷」孫中山於一九一〇年告訴報社記者阿爾伯特・皮爾斯・泰勒（Albert Pierce Taylor）「我在這裡長大以及受教育，而在這裡，我才知道當代的文明政治長什麼樣子，也才了解這樣的政治代表著什麼。」[1]孫中山，這位於一九八四年在夏威夷創立興中會的人所發展出的某些願景及標語，在習近平早期討論「中國夢」、「中華民族偉大復興」時也被引用。

今天許多地緣政治的夢想，就成形於這座群島中的棕櫚樹、日落、與戲劇性的海岸線中。恰巧位處北美洲與亞洲之間，是這些島嶼成為十九世紀中期，中國與美國人創造夢想的搖籃；到了二十世紀，這兩個強權開始趨同；在二十一世紀，一場軍事衝突正在醞釀。這顯示了世界，容不下兩個宏大重整世界的願景（更不用說在歐洲發展的，相較不軍事化的第三勢力）。而同時，如果他們不與彼此斷絕關係，他們之間就會發生衝突。

在我看來，夏威夷給我們的真正課題，並非海峽的管控，而與世界矛盾的本質有關。夏威夷的經濟結構，實實在在顯現出全球化的一體兩面。當地政府一半的GDP來自將此地視為與中國對抗前線的美國國防部，另外一半則來自觀光，特別是因婚禮而來的觀光客。光於二〇一八年，超過十萬名旅客因婚禮造訪夏威夷，在當地的花費高達一百六十億美元。夏威夷的經濟因愛與戰爭而生。因處連結與衝突之間，而被撕裂，成為世界的縮影。而當夏威夷的兩大經濟來源天差地遠，世界和與不和諧的成因，卻緊緊相連。我們正經歷一個最好也是最壞的時刻，全因一個單一現象：連結。

非和平時代的處方

書寫初期，我期待這是一本對「開放世界」的熱切請求。正如引言所說，我希望能為更聚攏在一起的地球設計出新的架構。但愈深入探討，就愈意識到連結的好與壞交纏難解。想要在不摧毀我們許多偉大文化成就的前提下，將這些好壞切開，是難以辦到的。

一方面，這個將全球化世界綁在一起的連結，讓世界變得更好——戰爭以及極度貧窮的情勢減少、預期壽命變得更長、有數十億人接受教育。二十一世紀最大的挑戰，從疫情及氣候變遷，到金融危機及大量移民，也需要我們一起合作來解決。然而，另一方面，我們的連結也導致世界部落主義化，民粹主義的領導者不推廣全球互相理解的理念，反而推廣國族的榮耀。在互相競爭的強權開始將氣候以及我們的健康、人權拿來作為政治工具後，人類面對著可能即將到來的滅亡。而在頭條背後，像瘟疫般的連結攻擊也正在撕毀著世界、預告一個危險而非和平時代到來。

人們渴望再度握有掌控權及自主權，但他們距離放棄網際網路所帶來的便捷還太遠，更不用說要放棄全球旅遊以及貿易。因此，國際政治愈來越像一段失去功能的關係，在那之中的伴侶既無法分開，也無法彼此相處。全球化已經讓許多國家擁有無可計量的健康與便捷，但也給予人們發動紛爭的機會、動機、以及武器。

在北京的旅途中，對於世界的進退兩難，我有了頓悟。在我最喜歡的書店「老書蟲」看到一本由派雅・梅樂蒂（Pia Mellody）所著的《病態互依症候群》（*Facing Codependence*）。她似乎捕捉出所有困擾著當代政治、國際關係的病徵。不談論關係中的平衡，這本書點出所謂「關係成癮」（Codependence）的狀態，在這狀態下，雙方的連結變得有害，卻同時令人無法逃脫。

關係成癮的受害者無法順利地在自己與他人間建立有效的界線，在管理互相依賴的關係時出現困難。受害者的心理狀態也在自我膨脹與感覺自卑間擺盪。對我來最吃驚的，是我在書店「自我成長」類別找到診斷非和平時代症狀的書，而非在政治類別中。

表面上這本書聽起來像是一個經典的美式胡言亂語，但我後來意識到：關係成癮的狀態，可類比為對管理世界政治有益的比喻。光是她在這本書中診斷出的症狀，並不是因為個人或國家的病理狀態改變而起，而是因為彼此之間關係的本質所致，就讓這本書值得被拿來當作借鏡。這樣緊繃的關係，源自於心理因素與經濟因素。而這都是我們創造出來的全球體系中固有的因素，可以被管理並疏通，但無法被屏除。或許更重要的，是她從她與個案間的親身經歷擷取經驗，而非從專家的理論當中引經據典，而後找方法讓她的個案感到安全，而非讓他們感覺自身所感受到的恐懼是錯的。在北京閱讀梅樂蒂的書，也讓我意識到：受西方啟蒙教育長大的小孩們，對於遇到問題要管理，而非處理的想法，可能會感到些許不安。但對亞洲人來說，由於他們主要的哲學思想將世界呈現為更開放式的、陰與陽共存在一起的、而非要將兩極合成一塊的緣故，可能對於這個想法更不陌生。

而就在那時，我意識到這世界需要的不是建築家，而是諮商師。與其藉由浩大的設計來根除連結的黑暗面，我們需要形塑新世界、以及找到在這個新世界中生存的策略。在冷戰時期，人們意識到人類的最大威脅是可能會因為惡性循環而走向失控的核武競賽，而他們嘗試利用情勢的升溫來建立起彼此之間的信任感，漸漸控制這個威脅要鏟除人類的武器。反觀我們自身的進退兩難，其實是更巨大的，因為在非和平時代中，所有的暴力都無法被戰爭的雷達所偵測，因而也都沒有受到管束。也是因　如此，我們並未被可羅列、測量、控制的致命科技所困著，反而活在一個幾乎所有東西都能夠被武器化的年代。

如果這個對人類福祉來說至關重要的連結，也同時被轉變成致命的武器，我們就必須要更想方設法，讓這些連結變得更不危險。基於這些原因，我相信與其消除連結本身，我們應該要嘗試設計出規則與規範，將連結身上的刺或武器卸下。如果說冷戰是因為武器控管而開始趨緩，對我們的年代來說，具有等同效益的策略「解除連結武裝」。這是為了將個人關係變得不再有害的長期諮商過程，一個薛西佛斯式的奮鬥。雖然心理學家並不認為一個人能夠從關係成癮當中痊癒，他們還是列出了五個管理關係成癮的步驟，讓個案能夠迎向更美滿的生活。[2] 我嘗試將這些療法，奠基在「卸除連結武裝」的想法上，轉化成能夠給非和平時代的五步驟計畫。

第一步：面對問題

在所有諮商過程中的第一步，就是面對問題。在我們國際緊繃情勢的根部，是那些生活因被連結而感到不安全、令人擔心、無法預測的個人委屈與不滿。社群媒體加速分裂化的生成，釋放嫉妒心及怨懟心理。與其告訴人們他們是不理性的、錯的，政治家們得要對人們的親生經歷表現出更深層的理解。起始點必須要從獲取數據的方法開始。不從攏統以及集合式的「世界經濟」統計資料下手，我們需要找到反映不同生命經歷，衡量福祉的方法。這代表我們會有更多能探索不同團體之間相對表現（Relative performance）的在地化數據。

回到第三章提及關於英國脫歐的範例，我們可以看到，歐盟自由遷徙（Freedom of movement）的總體效應在集合式數據當中的表現，隱藏了許多明確以及在地的負面效應。舉例來說，問卷顯示出在自由遷徙政策被推動、鄰近地區的公部門施壓，吸引許多移民遷徙至境內後，某些行業的薪資，如施工業有了顯著的下跌。[3] 擁有這些數據並且利用它們去了解人口中的不同組成，能使政府以貼近人的方式與人民溝通，同時真正幫助因連結而損失的人們。在面對經濟問題時，衡量人們害怕失去現況、失去現有社會運行的規則、失去他們所擁有的身分認同的恐懼，是至關重要的。

當人們開始強烈反彈，許多政府嘗試重新審視全球化，分析不同種類互相依賴的關係，將他們分為好與壞。好的互相依賴關係，是那些允許世界因為經濟規模而受益、為跨越國界的問題找到解決辦法、以及共同限制暴力與毀滅性武器的生成，推廣和平的關係。在此之外，還有能自由旅行、拓展視野、品嚐美味食物所帶來的富足。然而另一方面，全球化的黑暗面包含搭便車問題（Free riding）、身分認同的改變、不公平的競爭、惡意的行為。所有的強權都想在不受限的全球連結與國家保護主義中找到出路。在美國他們談論與中國的「脫鉤」；在北京他們擁護「雙循環經濟」；在歐洲，他們的目標是「戰略自主」（Strategic autonomy）。這三個概念都暗示著同樣的想法：連結可以是有益的，同時也可能是危險的。

第二步：建立健康的界線

我在引言中談論過，所有原先要將我們聚攏在一塊的事物，現在如何分離我們。矛盾的是想將世界聯合起來的最好方法，是在彼此之間創造足夠的距離，讓人們感到安心以及感覺握有掌控權。將界線劃分開來的分類應該是「有被管理」以及「沒被管理」的聚集，而非「開放」與「封閉」的社會。

舉例來說，一群中國與美國的經濟學家、律師已經試圖找到在中美貿易中，他們所謂的「深度融合（Integration）」與「脫鉤」之間的平衡點。[4] 每個國家都必須要有適度的自由——政策空間（Policy space），以設計最適合自己偏好的政策，即便這些政策是誤判或是可能造成反效果也一樣！他們從互相尊重彼此的主權，而後在「以鄰為壑」的政策周圍劃上紅線，再提供一些經過商討的方法來化解彼此的不同。

也有人嘗試利用國家身分認同來調和全球流動的問題。千禧年，荷蘭的政治家及學者保羅・薛佛（Paul Scheffer）發表一篇文章，聲稱荷蘭的多元文化融合模式已經失敗。「我們在荷蘭國內與彼此一起生活，但卻從未見過彼此」他說「每個族群都有自己的咖啡廳、自己的學校、自己的偶像、自己的音樂、自己的信仰、自己的肉舖，而很快的每個族群都會有自己的街道、自己的街坊」。[5] 幾年後，在一本思考周全的書中，他列出了一種融合的不同方式。[6] 作為移居荷蘭的條件，新來的人們需要簽署一些為了保護荷蘭自由主義所生成的明確規範。漸漸的，政治家會需要證明這些規範有尊重荷蘭主要人口的文化及歷史，即便這些政策的目的是要保障少數人的權力（然而這樣的立法，通常也能順便保障大多數人口的權利）。

政治學家強納森・海特（Jonathan Haidt），面對嚴重影響美國國家政治生命，種族及文化兩極化情勢時，給出一些能在這之中找到化解方法的可能性。他認為讓不同文化被讚揚的最好方法，就是彰顯社會中的共同之處，而非不同之處，而這也是開發新政治空間的方法之一。[7] 在科技產業中，我們也看到學者，心理學家，立法人員、甚至是科技公司本身，都試著探索網路如何導向社會融合，同時找尋避免落入「零食式社交（Social snacking）」與「社會比較（Social comparison）」等有害的領域的方法。[8]而英國上議院也提出了「人工智慧大憲章（Magna Carta for Artificial Intelligence）」的想法，不只能夠保護個人的隱私，也能夠確保在遇到使用機器時所出現的倫理問題，人類智能（Human Intelligence）可以保有現存的控制性。[9]

政治家必須提供在經濟開放當中的輸家，一些更強的保護措施，找到為「被遺忘的人們」特製的生存方法。雖然這可能看似是一個小政策，但在丹麥，社會民主黨（Social Democrats）改良了退休金的系統，讓更多人能夠在更小的年紀開始工作（通常在沒有上大學的情況下），而在之後能夠更早得到他們的退休金。這項措施的獨特之處在於，特別針對那些沒有上大學的人，而這群人也正是感覺自己暴露於全球競爭蹂躪的人。在所有被提到的領域中，政策的目標應該是要引介健康的界線，讓彼此接觸能夠繼續發生，同時降低連結可能帶來的風險，如此一來，人民才不會感覺自己需要高牆的保護。互相依賴只有在大家都感覺安全的情況下，才能長久存在。

第三步：對於你所能掌控的事保持現實的態度

祈求世界趨同成為一個以「溫和全球主義哲學」主導的世界，似乎有點不切實際，也可能造成反效果。而另一個方法：將對手視為「制度性競爭對手（Systemic rivalry）」，並且我方必須不計任何代價地贏得勝利，也可能同樣危險。如果我們將所有國家之間的接觸點視為「制度性競爭對手」，我們將注定活在恆常的不安中。而這三個普遍主義的計畫：美國、中國、以及歐盟的持續出現，也彰顯在未來，我們會面臨許多的衝突。

一九九〇年代以及千禧年初期，許多美國人與歐洲人希望中國、俄羅斯以及其他國家能夠有所轉變，變得用西方自由民主的運作及思考模式來行動。但現在人們開始接受中國既不會垮臺，也不會成為美國的這個事實。因此現在的解決辦法，是找到怎麼與強大的中國共存，同時遵守我們自身的價值。與其將我們的希望寄託在改變對方之上，現在的目標是將西方的經濟以及政治系統與中國的干擾絕緣。這個想法導向了「選擇性脫鉤（Selective decoupling）」的作法，比如對於中國鐵的輸入保持開放，但與像5G這樣的通訊基礎建設保持距離。

與其發明新的建築或著思考哲學來對全球政治重新佈局，我們現在所能做的最好選擇，是意識到連結既有的危險，同時嘗試管理它們。西格蒙德·佛洛伊德曾經寫給他的個案，說若諮商時段能夠把她「歇斯底里的痛苦轉化成尋常的不快（Hysterical misery into common unhappiness）」，她所受的諮商就會被視為是成功的。對國際政治來說類似的事情——將未受控制的連結衝突，轉化為被各種限制與規範降低危害的競爭。

為了讓連結變得安全，政府需要為自己的行為建利起公認的界線，類似他們在發明飛機及原子彈之後所研發的各種限制。換句話說，人類必須要學習掌控自己所創造的科技。此刻我們的體系允許科技無限制的擴大，然而這個現象必須要被為人類的生存，而訂下的規範所取代。世界的秩序能夠像俄羅斯娃娃一樣的被建立。在外層是通用於所有國家的規範，利用非常少數的規則來避免地球因戰爭或氣候危機而毀滅。在這個全球的規則之內，愈小隻的娃娃能夠發展出更延伸性的規則。比方說，民主國家可能會選擇對數據或者新科技而發展出新的規範。而在民主世界中，像歐盟這樣的地區組織者，能夠發展出更厚的規則手冊，以套用在他們的會員國身上。這樣做的目的，是為了發展出與生活在此地居民生活相符合的法律。

第四步：自我照顧

我們在過去五十年的經驗裡，與那些威權主義、極端不平等、或政治混亂的國家相比，那些平等、自由、繁榮的國家更有機會是好鄰居，同時也是較有建設性的國際居民。面對俄羅斯或中國等國家的操弄，我們因而有機會認知到西方民主的脆弱。自由秩序的最大挑戰，是我們自身分裂的社會。而這也是我們應該要將大部分注意力集中的地方。是我們這個世代國際主義領導者所面臨的挑戰，要重新設計自己國家的教育、健康照護、社會照護、社會福利以及工業政策，以產出財富，並公平分配到國家中的各個角落。建構國內的能力與自信，是與國際接軌最強的基礎。

本章稍早，我描述了一些在政治上，需要為因全球連結而有所損失的人伸出援手，以此所需要做的妥協，是為了保存經濟、政治、移民等開放秩序的必要前提。在保留國內認可的需求，以及有效的在國際舞臺上整治我們的事務，需求之間產生權衡。

舉例來說，許多人爭論在世紀之初，美國與歐洲應該要發展一個新的跨大西洋貿易及投資夥伴協議（TTIP），以作為他們建立二十一世紀追尋規矩的一部份。雖說這個計畫所能承諾的經濟利益是有限的，但是為了要讓這個協議成立，在政治上所需要做出的改變是可見的。短時間內反對 TTIP 的草根性運動在德國（人們害怕必須要食用氯洗雞）與英國（人們害怕國民醫療服務體系（National Health Service）會被迫要與美國的健保公司競爭）開始發生。最終，這個原本被設計創造二十一世紀新世代跨大洋和諧的計畫，反而燃起人民的恐懼心理，以及共同的不信任感。對於想要藉由跨洲運作，以影響中國民主的國家領導人來說，這起事件有許多重要的課題需要學習。

第五步：尋求真正的同意

非和平時代及冷戰的最大不同在於，一般人也涉入於非和平之中。雖然說在夏威夷以及其他地方，人們曾經替核武可能帶來的大毀滅做準備，而需要做「臥倒並掩護練習（Duck and cover exercises）」，但大多的戰爭實際舉動，卻發生在距離他們日常生活非常遙遠的地方，而這些居民也肯定沒有收到，參與雷克雅維克的軍備控制談話邀請。相反的，我們在非和平時代中的暴力，就在口袋裡的智慧型手機中上演，而非在越南的叢林間或阿富汗的沙漠中發生。因此我們也必須要涉入，這個找尋卸除連結武裝方法的過程。

我們從人類關係之中得知，有一個原則是所有正當性成立的關鍵：同意。而這是在連結發生的過程當中，一直明顯缺乏的要素。政府以及公司行號們，不管是自由貿易協議或是Facebook，都在沒有任何認真嘗試取得國內或國際上的同意之前，就朝著連結大步邁去。大多數的國家（不論是民主或非民主國家）在接受整個經濟、政治、以及價值觀的綜合套組面前，都感覺到自己的選擇非常少。國內，若考慮到國家在內政上所達成共識的深度，人們常常感到他們並沒有說「不」或者「等一下」的機會；同時，一些跨國公司也在接近毫無拘束的狀態下運行。當然，政治人物以及生意人們也會辯稱這是他們良善任務的一部份，然而即便是如此，人們也沒有其他選擇。理論上，你能夠像北韓一樣排除一切，或拒絕使用當代通訊系統，但對大說數人來說，這在本質上是一個要不全拿或全面拒絕的選擇。這樣毫不徵詢人們同意的連結系統，已經造成各種形式的抗拒或是公開的反抗。

另一種可能的實行方法，則是在人們及國家之間接觸時發生，認真嘗試徵求實際的同意。這也代表著科技公司得受制於民主的控制；想要加強貿易以及自由遷徙的國家得以大力向前推進，而選擇拒絕貿易以及移民的國家則可以拒絕；藉由發展一個能夠讓這些選擇有發生的可能，又同時能夠允許人們做出更謹慎的決策的整體架構，人民便可以感到，不用透過推翻整個社會、或者完全停止某些他們不喜歡的特定事物，他們的聲音也能夠被聽見。

當然這個方法也衍生出更大的問題：要徵求誰的同意？以及該如何取得這個同意？拿英國及歐盟的例子當作討論的起點：英國選擇脫歐的決定，是奠基於英國透過公投，取得人民與國會的明確同意之上。贊成脫歐的支持者會說，大眾確實同意了一個比較受限制版本的歐洲，但並沒有要全盤接收。而確實，在歐盟擴大之後，英國也沒有因應自由遷徙政策，開啟之後的大量移民人口，做出實際的建構作為。當時唯一的論點，是這對純經濟利益來說有益，而人們應該接受這個事實。同樣的直至今日，也沒有一個認真嘗試去與那百分之四十八投下贊同留在歐洲的人們產生互動的作為，這群人也同樣感到匱乏、權力被剝奪。在沒有嘗試從這些重視與歐洲之間連結的人們身上徵求同意之前，他們（我們）身上的權力就被興高采烈的奪走。這是個發生在廢除連結過程中，沒有任何根本民主同意的，另一個最高綱領主義（Maximalism）與多數主義（Majoritarianism）的版本。這是一個在極化的狀態下，該如何獲得同意的問題。我們藉由選舉產生的組織搖搖欲墜，而公投似乎對治癒分裂的社會來說也沒有多大作用。然而從冰島到愛沙尼亞共和國的範圍內，人們正在嘗試新形勢的審議民主。像丹麥等國的領導人，似乎就有辦法觸及到各個因為階級、種族所分裂的不同族群。與其放棄，這更像是我們這個世代該要處理的迫切問題。

調停

這本書解釋了全球化，或更確切來說「資訊革命」容易引起紛爭的許多方法。當統一的全球經濟體系，因疫苗、延遲的供應鏈所導致的價格上漲、愈發嚴重的假消息散佈、制裁被廣泛利用、難民人口流動的政治化、氣候變遷保護主義的辯論而分裂，我們已經看到了未來發展的線索。若我們不採取行動，依照邏輯來推演，這些趨勢所導向的結論，是一個反烏托邦的世界，有著極度的不平等，因嫉妒心理所導致的政治，也引導我們使用更暴力、更激進的政策。同時，那些將我們綁在一起的連結，提供更有效的武器，也被用以製造紛爭。

如果我們按照目前的路線迎向更強的連結、更大的比較心理以及更大的競爭，我們很可能會冒著進入恆常紛爭年代的風險，處於非戰、卻也從來不和平的狀態，直至沒有人記得我們一開始分歧的原因。而當毀滅性的科技變得愈發強大，這個恆常紛爭的代價會持續上漲，直到可能顛覆整個世界。

雖然在人類歷史中，我們才在這個階段的開端，互相依賴所製造的隱藏紛爭，卻已造成比傳統戰爭更多的傷亡人數，然而這紛爭還是有可能變得更危險。最壞的結果是：到處都是稱不上戰爭的攻擊，以及操弄人們共同面對的全球挑戰手段。你可能會看到災難性的網路攻擊、金融危機、以及因為全球供應鏈的崩毀，導致經濟的蕭條。而這些都可能會因為處理氣候危機的不當，變得更加劇烈，因而可能促使移民危機以及更多的全球性流行病。

Covid-19 以及氣候變遷的事實讓人們更容易想像世界末日的場景，但我們的領導人及地球公民們，卻很難為了避免這樣的事情發生而改變自己的行為。如果他們失敗了，非和平的代價很可能會加劇，並變成一種漸漸消逝在世界大多數人的記憶中的毀滅場景。

然而我並非一位宿命論者（Fatalist）。只因為這些趨勢在過去幾年被建立起來，並不代表我們的衰敗是無可避免的。人類的歷史並非完全被安排。政治有能力改變我們前往的方向。而更有甚者，因為美國以及歐洲最近的改變，我們前往的道路已經改變。Covid-19 已經讓世界描繪出面對未來大型流行病的初始合作框架（即便西方與中國還沒有真正的合作）。我們正在發展一個更微妙的辯論，討論世界該如何控制科技，使我們能夠開發疫苗、餵飽全世界、儲存可再生能源、以及如何聯繫全世界。這個歐洲與美國的大型復甦計畫，伴隨著我先前描述過的政治覺醒，應該能讓兩個大陸重新建立關係。他們已經採取了一些我在連結世界的諮商過程中所提到的幾個步驟：建立健康的界線、自我照護、以及從他們的人民身上徵求更全面的同意。

雖然在大型轉變發生之時，指出新的應許之地、或是描繪出世界新秩序的建築是一個更華麗的舉動，但我相信在華盛頓以及歐洲首都中所探索的諮商過程，會是更好的選擇。雖然說，對於非和平的挑戰，諮商並不能提供任何永久的解決辦法，但至少能夠確保一個避免非和平最糟的副作用機會。藉由在現在將正確的諮商過程導入我們的政治中，我們能夠為自己的大重整建立根基，而若以長遠來看，世界政治的建築架構也將會不同。

我們已經開啟了一個新的探詢，以保存互相依賴的一些優勢，同時避免自己誤入災難的田地。不論喜歡與否，這個過程也包括：意識到連結是一把雙面刃。一旦我們接受了連結既是衝突也是合作的這個事實，我們就能在一開始，藉由最小化人民的不滿、限制連結所帶來的暴力層面政策而受益。而正如所有的精神異常症狀，恢復健康的第一步就是認知問題的所在。這也是這本書的終極目標——調停。

THANKS

致謝

The Age of Unpeace: How Connectivity Causes Conflict

為了瞭解一個網絡建構起的世界，一個人需要一個網絡。而這本書正是集體智慧及個人學問所共同完成的成品。

一共有五個傑出的機構啟發我，並且支持我完成這個互相連結世界相關的研究。

這本書初次問世時是在景致令人歎為觀止的 Villa Serbelloni，是 Rockefeller Foundation's retreat in Bellagio，其位於於義大利 Lake Como 岸邊。我將會對匿名提名我的恩人永遠心存感激，讓我在脫歐公投後的餘波中能夠接受這個研究獎助金。當我在那邊與其他學者共桌享用餐點、飲用艾普羅雞尾酒時，從他們身上學到了許多，也在當時甘迺迪拜訪該別墅時所入住的房間內，超現實的見證了川普當選美國總統。在那四週的期間內，我與我的政治傷感一同工作，過著如修道士般的生活，每天四點起床工作到晚上六點，只在早餐、午餐以及在別墅周圍慢跑時才停止工作。與我共同生活的學者們，所分享的來自心理學、網路科學、流行病學、人類學，以及殖民時期與後殖民時期的故事，都拓展了我的視野。感謝最先邀請我到皮拉爾宮（Pilar Palacia）的 Claudia Juech，如此熱情的款待我們。同時也感謝洛克斐勒基金會的主席 Rajiv Shah 以及他的同事 Matthew Bishop 於二〇一九年邀請我到「六十年貝拉吉奧之友會」（Bellagio 60 Homecoming）共進歡快的時光，與其他學者重新聯繫，同時被洛克斐勒基金會傑出的改革者網絡所啟發。

一開始，我的寫作速度非常快速，但現實生活在我回到工作崗位時開始介入，導致我的寫作過程慢了下來。直到我在二〇一九年末，獲邀得到來自維也納的人文科學研究機構（Institute for Human Sciences）的第二個獎學金。在 Shalini Randeria 與 Ivan Vejvoda 的帶領之下，這個機構給予我實際的需求以及心理上的需求非常出眾的照護，提供我在維也納猶太區中一間美麗的公寓當作住所，讓我能夠每天散步跨越被雪景覆蓋的維也納，在機構內享用午餐。在那裡，我與其他學者，如 Misha Glenny 和 Claus Offe，共享了有趣的對談，也非常開心能夠見到 Ivan Krastey 與 Dessy Gavrilova 以及他們美好的小孩。

第三個我心懷感激的機構是世界經濟論壇（World Economic Forum，WEF），在我描述的趨勢中給了我許多洞見。他們於二〇一七年至二〇一九年將我任命為「地緣經濟全球委員會」（Global Agenda Council on Geoeconomics）的主席。我從跟我一起共事的人的經驗當中學到許多，這些人包含 Karan Bhatia、Ian Bremmer、Parag Khanna、Hina Rabbani Khar、Paul Laudicina、Michael Levi、Kishore Mahbubani、Moises Naim、Doug Redike 以及 Dmitri Trenin。我也很感謝 Klaus Schwab 讓我獲得成為世界經濟論壇「全球青年領袖」之一的舒榮，也多次帶我到達沃斯，讓我了解世界的趨勢。同時我也很感謝博爾格．布倫德（Borge Brende），在他經濟論壇中擔任的職責以及身為挪威外交部長的身分之餘，也能夠成為我在探索地緣政治的路途中傑出的夥伴以及老師。

開放社會基金會（Open Society Foundations）的野心、勇氣以及創意也時常鼓舞著我。我從喬治．索羅斯的想法以及他的身教所獲得的知識，是我永遠無法用言語描述的。近年來最大的樂事之一，就是能與他的兒子 Alex Soros 一同共事，而他也是近年來一直用他的熱情、智慧、以及想法來塑造該基金會活動的人。我的導師以及朋友，Mark Malloch Brown，是最激勵我的全球政治改革的建築師。他一直是唯一能夠在國家政治、國際官僚體系、會議室、全球公民社會中，做出改變的人。Leonard Benardo 持續用他智力的所及範圍、對於文化的多方涉略、以及善心讓我驚艷。Laura Silber 也一直是一位好友，永遠願意給予精闢的忠告以及建議。在國際董事會中的 Maria Cattaui、Michael Ignatieff、Anatole Kaletsky、Daniel Sachs 與 Anya Schiffrin，也一直都是我在重新思考全球政治時，學術上的盟友們。

而更重要的是，我必須要感謝一個我有幸能夠與他們共事的組織：歐洲外交關係委員會（European Council on Foreign Relations，ECFR），以及工作途中所遇到的人們。我想要感謝雨果共同創辦委員會的 Mabel van Oranje，以及我們傑出的董事成員：Carl Bildt、Franziska Brantner、Ian Clarkson、Marta Dassu、Lykke Friis、Teresa Gouveia、Sylvie Kaufmann、Ivan Krastev、Adrzej Olechowski、Norbert Roettgen、Javier Solana、Marietje Schaake、Alex Stubb 以及 Helle Thorning- Schmidt，在過程當中啟發、支持、教導我許多關於連結社會的事務。與我共事的夥伴也都是我在學術上真正的靈魂伴侶。我的朋友以及領導人夥伴，Alba Lamberti 與 Vessela Tcherneva，也在許多瘋狂的時間擔任我最美好的夥伴。Jeremy Shapiro、Anthony Dworkin、Andrew Small、Janka Oertel、Jana Puglierin 與 Vessela Tcherneva 也都在過程當中有耐心的幫助我，在許多本書提及的棘手議題當中替我解謎，閱讀段落、提案、章節，同時

幫助我讓它們變得更好。在歐洲外交關係委員會中，我也很開心能夠與三位傑出的研究助理共事，他們也成為我最親近的合夥人以及夥伴們。Ulrike Franke於二〇一六年，在這個事業創辦之初開始與我共事，而她也是第一個在我探索一卷關於「連結戰爭」的期刊時，幫助我將互相連結的關係武器化的想法概念化的人。而在她之後，於二〇一七年任職的Jonathan Hackenbroich，也鼓勵我保留下許多想法、與我一起在白板前腦力激盪出許多概念。他也將許多概念當中的一些主題，帶到他自己開創性的經濟脅迫領域中。而更近期的研究助理，Lucie Haupenthal，是一位傑出的思想家、規劃者、以及合作者，即便封城讓我們無法實體見面，她也一直是一位每天一起透過Zoom、Teams以及電話共事的夥伴。我也從跟許多聰明的同事交換意見當中獲益良多，包括：Asli Aydintasbas、Julien Barnes-Dacey、Susanne Baumann、Piotr Buras、Susi Dennison、Ellie Geranmayeh、Swantje Green、Gustav Gressel、Alexia Gouttebroze、Adam Harrison、Carla Hobbs、Joanna Hosa、Anna Kuchenbecker、Andrew Lebovich、Kadri Liik、Hugh Lovatt、Tarek Megerisi、Theo Murphy、Folke Pfister、Nicu Popescu、Chris Ragett、Ana Ramic、Jose

Ignacio Torreblanca、Tara Varma、Artuo Varvelli、Nick Witney、Andrew Wilson、Denica Yotova 以及 Pawel Zerka。我的行政助理，Jennie Bradley 和 Roxanne Ford，讓我能夠穿梭於世界各地，讓我保持精明並且有規劃的完成代辦事項，她用她的善良、足智多謀、以及幽默點亮我的每一天。最後，我也因為一群優秀的實習生的而受益：Johann van der Ven、Archie Hall、Ravi Veriah Jacques、Yasmin Samrai、Xiaoran Hu、Abel Ribbink、Joshua Peterson、Hanna-Sofi Bollman 與 Valeriia Barannikova，他們在我開始書寫這本書的第一個夏天，承辦了許多研究事項

除了我的同事之外，也有許多人對我一系列的草稿提供了非常慷慨並且透徹的回覆，幫助我的論點能夠更精練：

Joseph Nye 在他關於複雜的互相依賴的著作中，替我的書設下了許多的根基。同時他也是我多年的好友以及支持者。他在許多通的電話以及視訊通話中，激發了我想出許多的大標題，並很大方的給予我他的評論。

在我大學時期形塑我的世界觀的一位大學教授，Anthony Giddens，因為說服我繼續研究數位化革命是如何改變所有事情的，也在我成年後

重新改變了我的世界觀。而他也在歐洲外交關係委員會中與我共同策劃了一系列的工作坊，探討數位化革命是如何改變全球化、政治、經濟、以及全人類的。

Andy Moravcsik 用很嚴厲但有理的評論，幫助我看到我早期書稿當中的瑕疵，而 Anne-Marie Slaughter 在研究接近尾聲時，給了我出色的評論，以及針對架構的指示，讓我能夠重新對我的企業保有信心。她本人針對被連結世界的大策略，不僅是開創性的作品，也持續在人們心中發酵。

Olaf Corry 花時間研讀了本書非常早期的版本，也給了我很出色的反饋，幫助我了解全球氣候變遷的進退兩難。George Lawson 將他獨特的混合國際關係理論、社會學、以及歷史的觀點加入了我全球秩序的敘述中。我持續地被 Parag Khanna 的精力與野心所驚艷，他在我書中提到的許多主題上研究多年，也在關鍵時刻給了我許多出色的引導。因為 Hans Kundnani 對於早期書稿所抱持的懷疑態度而給予我的幫助，永遠比他意識到的多更多。

中國與美國之間的競爭，是我在測試我的概念時最戲劇性的試驗場。而 Jeremy Shapiro 在我試圖了解美國，以及我們互相連結世界中的許多事物的過程中，一直是我的極佳夥伴。Janka Oertel 與 Andrew Small 是我從中國的面相來了解這個歷史性關係中的最大敘事線到最細節的轉折的最佳夥伴。我也從 Agatha Kratz 與 Zhang Feng 的回覆當中受益許多，以及無所不知，又能夠將宏大的策略跟關於中國與美國的所有細節融合的 Kevin Rudd。而是 Joshua Ramo 在數十年前啟發我對中國感興趣，他人很好的讀了這個版本的書稿，必且再一次的提醒了我，他是我多珍貴的朋友，以及我在學術上的陪伴。他也教導了我許多關於科技、全球政治、以及生活的藝術的事情。

在我書寫這本書，而經歷學術上的覺醒時，有兩位是我最親近的學術上的後援：

Adam Lury 銳利的腦袋從來沒有停止啟發我，他一直鼓勵我去找到新的理解世界的角度。只要一想到他自己關於疫情以及數據的小說是在二十年前完成的，就很令人感到驚艷。

Ivan Krastev 一直是我的學術教父，也是我最慷慨的朋友之一，他讀過我數篇書稿，也在我需要逃離脫歐後的英國以及被規劃好而毫無盡頭的生活時，提供我在保加利亞海岸與維也納的避難所。

伊萬也同時鼓勵我與 Aevitas Creative Management 的 Toby Mundy 簽約，而這也是讓我感到最高興的決定之一。我已經欣賞 Toby 對於概念的投入有二十年之久了，而重新開始寫作生涯的我，也感到很榮幸能夠有這樣精明、有創意、以及思想周全的經紀人。Toby 輾轉將我介紹給 Alex Christofi，一位在 Penguin Random House 的傑出編輯，而也是他提議這本書這樣命名，而他幽微的介入也點綴了這本書的每一頁。我的書能夠有他這樣一位有才華的作家擔任我的編輯，是我的榮幸。

在我寫作的過程當中，我也被許多我的老友支持著。Kate Bradley、Lucie Emerson、Joanna Fell、Shauna McAllister 與 Siobhan McInerney-Lankford 從在我還是在布魯塞爾的小屁孩時，就一直在我的生命中。Jamie Coulthard、Helen Parr 與 Toby Green 也從我在劍橋時就讓我不至於走像發瘋的道路。我也很感激我二十年前在外交政策中心（Foreign Policy Centre）所認識的朋友。Sunder Katwala 在身分認同政治上教了我好多，也幫助我讓這本書對外交政策不那麼熟悉的讀者來說更淺顯易懂。Rob Blackhurst 也提供我如何將這些概念被更廣大的觀眾看見的意見。Richard Gowan 提供了我法律戰以及全球治理的智慧。而 Phoebe 與 Richard Clay，以及他們勇敢的小孩們，與我的家人共同在塞爾西、沃里克郡、以及倫敦共享了美好的食物、對話、在野外游泳、烤火的時光，並確保我們對我們每年新年貿然許的願望負責。

當脫歐、川普、Covid-19 的海嘯來襲時，我的家人一直是我的船錨，也是我的指引燈。我完全願意放棄我四處遊走的機會，來換得與他們相處的每一天。這本書也是我要獻給他們的。

我永遠對我的父母感到虧欠，他們用勇氣與愛，度過了最艱難的時代。我的父親，Dick Leonard，於二〇二一年的六月二十四日，年屆九十歲時逝世。他還在世的時候，他的韌性、正直、以及效率每天都讓我們感到敬佩。他的身教啟發我堅持完成這本書。我的母親 Irene Heidelberger-Leonard，能夠在一天內注入的智慧以及熱情，遠遠超過大多數人在一輩子當中所能付出的。她不僅陪伴支持我父親經歷了一系列的健康事件，她也是最傑出的祖母，家庭中的女族長以及智慧的力量。他們對彼此，以及與 Berni、Annele、John 與 Marjorie 每天的陪伴讓人動容。而我的表親 Richard 與 Andrew 的善良以及醫療上成就，在疫情期間讓我們得以生存，同時保有理性。每當想到這裡就讓我想流淚。

Miriam 與 Phiroze 用同理心、友情、以及學術上無邊界的陪伴深深感動著我。看到他們早熟的兒子 Isaac 與他的表親們的友情開始盛開讓我感到很開心。

我的小孩，Jakob 和 Noa，每天都讓我感到快樂，而也在我寫作最痛苦的時候支持著我。我永遠不會忘記 Jakob，一個善良又聰明的七歲小孩，在二〇一六年的六月二十四日，為我做了一個海報，希望英國重新回到歐盟（「別擔心爸爸，我們老了之後會讓英國重回歐盟」）。四年後，他的妹妹 Noa，在八歲時，自己擔下為這本書設計一個完美封面的大任，在過程中展示了與他年紀不相稱的智慧、藝術才華、以及愛的能力。現在這本書的書寫過程結束了，我很期待與這些非凡的人們共進更多的週末以及早晨。

最後，我必須要感謝我的老婆 Gabrielle Calver。二十五年來，你一直都是我的最好的朋友，而現在的我有好多部分都有著你的美麗烙印。在封城期間，我們被迫擁有的共處時光是一個珍貴的禮物、讓我更深刻且鮮明的意識到我有多麼愛你，以及我有多需要你。若不是你的慷慨、創意、以及冒險精神，我們的婚姻早就破裂了。引用 Bob Dylan 歌詞「若不是因為你……」

303 致謝

NOTES AND REFERENCES

註解及參考文獻

The Age of Unpeace: How Connectivity Causes Conflict

Introduction: the connectivity conundrum

❶ Keith Bradsher and Ana Swanson, ‘The U.S. Needs China’s Masks, as Acrimony Grows’ New York Times , 23 March 2020, <https://www.nytimes.com/2020/03/23/ business/coronavirus-china-masks.html> [accessed 10 November 2020].

❷ 認為連結與衝突互相關聯的觀點並不新奇，前有盧梭，近來則有波蘭尼提出類似主張。在一九七〇年代，羅伯特．基歐漢（Robert Keohane）與約瑟夫．奈伊（Joseph Nye）就在《權力與互相依賴 Power and Interdependence》一書中指出，不對稱的互相依賴是權力的重要來源。許多學者如丹尼．羅德里克（Dani Rodrik）、法里德．扎卡利亞（Fareed Zakaria）、約翰．魯吉（John Ruggie）、以及尤根．哈伯瑪斯（Jürgen Habermas）、丹尼爾．德雷茲納（Dan Drezner）等人，就曾主張我們這個時代的其中一項重大議題，就是如何限制經濟、軍事、文化與社會的互相依賴，又兼顧相關利益，同時在滿足多數人的情況下，保護人們免於失序錯位（dislocation）。我第一次提及「相互依賴的武器化」，是在二〇一六年的一本關於「連結戰」的論文集裡，參見 Mark Leonard (ed.), Connectivity Wars: Why migration, finance, and trade are the geoeconomic battlegrounds of the future (London: European Council on Foreign Relations (ECFR), 2016。之後，學術圈進一步探索這些主題，例如在 2019 年的《國際安全 International Security》期刊，亨利．法洛爾（Henry Farrell）與亞伯拉罕．紐曼（Abraham L. Newman）就在一篇廣受引用的文章中，探討「武器化的相互依賴」。

❸ Leonard (ed.), Connectivity Wars.

❹ 同上。

❺ Yuval Noah Harari,《Homo Deus: A Brief History of Tomorrow 》 (New York: Harper Collins, 2018).

❻ Fergus Hanson and others, ‘Hacking democracies’, Australian Strategic Policy Institute, 15 May 2019, <https://www.aspi.org.au/report/hacking-democracies> [accessed 25 October 2020].

❼ 根據 Uppsala Conflict 資料集，2001 至 2019 間，因為國家間或非國家間或單方造成的武力鬥爭的死亡人數為 1,183,079。見：‘Uppsala Conflict Data Program’, Department of Peace and Conflict Research, <https://ucdp.uu.se/exploratory> [accessed 16 December 2020].

❽ Lucas Kello, The Virtual Weapon and International Order (Yale University Press, 2017).

❾ Mark Leonard, Why Europe Will Run the 21st Century (London: 4th Estate, 2005).

❿ Mark Leonard, What Does China Think? (London: 4th Estate, 2008).

⓫ European Council on Foreign Relations, www.ecfr.eu.

⓬ 國際關係的現實論者早已認為相互依賴會帶來衝突也會帶來合作，e.g. Kenneth N. Waltz, Theory of International Politics(Boston, MA: McGraw-Hill, 1979).

⓭ Parag Khanna, Connectography: Mapping the Future of Global Civilization (New York: Random House, 2016).

⑭ Steve Morgan, 'Top 5 Cybersecurity Facts, Figures, Predictions, And Statistics For 2021 To 2025', Cybercrime Magazine, 8 January 2021, https://cybersecurityventures.com/top-5-cybersecurity-facts-figures-predictions-and-statistics-for-2021-to-2025/> [accessed 10 February 2021].

⑮ John Thornhill, 'Time to save the internet', Financial Times, 14 January 2021, <https://www.ft.com/content/4e27089f-5a99-4fa4-8713-9420f5e5a611> [accessed 10 February 2021].

⑯ Anthony Giddens, Foreword to Carla Hobbs (ed.), Europe' s digital sovereignty: From rulemaker to superpower in the age of US-China rivalry, ECFR, 30 July 2020, <https:// www.ecfr.eu/publications/summary/europe_digital_sovereignty_rulemaker_super power_age_us_china_rivalry> [accessed 5 October 2020].

⑰ 'The new political divide', Economist, 30 July 2016, Leaders section, <https://www.econo mist.com/leaders/2016/07/30/the-new-political-divide > [accessed 10 October 2020].

Chapter one: the great convergence

1. ‘Xi addresses World Peace Forum’, China Daily USA, 7 July 2012, <http://usa.china daily.com.cn/2012-07/07/content_15557706.htm> [accessed 10 October 2020].
2. Niall Ferguson and Moritz Schulatrick, ‘Chimerical? Think Again’, Wall Street Journal, Opinions section, 5 February 2007, <https://www.wsj.com/articles/SB117063838651997830> [accessed 25 July 2020].
3. Joseph Nye, ‘Power and Interdependence with China’, Washington Quarterly, 43, no. 1 (2020), 7–21, <https://www.tandfonline.com/doi/full/10.1080/0163660X.2020. 1734303>; Julian Gewirtz, ‘Chinese Reassessment of Interdependence’, China Leadership Monitor, no. 64 (2020); Kevin Rudd, ‘To Decouple or not to Decouple’, University of San Diego, Robert F. Ellsworth Memorial Lecture, 4 November 2019.
4. Nye, ‘Power and Interdependence with China’.
5. Nye, ‘Power and Interdependence with China’; ‘World Development Indicators’ ,World Bank, <https://databank.worldbank.org/reports.aspx?source=world- development indicators#> [accessed 3 November 2020].
6. Alyssa Leng and Roland Rajah, ‘Chart of the Week: Global Trade through a US–China Lens’, Interpreter (Lowy Institute), 18 December 2019, <https://www.lowyinstitute.org/the-interpreter/chart week-global-trade-through-us-china-lens> [accessed 2 July 2020].

❼ C. K. Tan and James Hand-Cukierman, 'Face recognition trailblazer SenseTime rushes to be next Google', Financial Times, 18 August 2019.

❽ 同上。

❾ 'The Talent', MacroPolo: Decoding China's Economic Arrival, <https://macropolo.org/digital-projects/chinai/the-talent/> [accessed 2 July 2020].

❿ Bernard Marr, 'Meet the World's Most Valuable AI Startup: China's SenseTime', Forbes, 17 June 2019.

⓫ Tan and Hand-Cukierman, 'Face recognition trailblazer SenseTime rushes to be next Google'.

⓬ 'SenseTime "Smart AI Epidemic Prevention Solution" Helps Control Coronavirus Cross-Infection', SenseTime, 14 February 2020, <https://www.sensetime.com/me-en/ news-detail/23783?categoryId=21072 > [accessed 2 July 2020].

⓭ Josh Horwitz, 'The Billion-dollar, Alibaba-backed AI company that's quietly watching people in China', QWuartz, 16 April 2018.

⓮ 'SenseTime, the Chinese AI giant blacklisted by Trump, sees demand surge during coronavirus', Bloomberg, 19 August 2020.

⓯ Tan and Hand-Cukierman, 'Face recognition trailblazer SenseTime rushes to be next Google'.

⓰ Kai Strittmatter, We've Been Harmonised: Life in China's Surveillance State (Exeter:Old Street Publishing, 2019).

⓱ 同上。

⓲ 同上，p. 174。

⓳ Zou Shuo, ‘Chinese students studying abroad up 8.83%’, China Daily, 28 March 2019, <http://www.chinadaily.com.cn/a/201903/28/WS5c9c355da3104842260b30eb.html>[accessed 2 July 2020].

⓴ Bethany Allen-Ebrahiman, ‘The Man who Nailed Jello to the Wall’, Foreign Policy, 29 June 2016.

㉑ Strittmatter, We’ve Been Harmonised, p. 173.

㉒ Paul Mozur, ‘One Month, 500,000 Face Scans: How China is Using AI to Profile a Minority’, New York Times, 14 April 2019.

㉓ Kenneth Roth and Maya Wang, ‘Data Leviathan: China’s Burgeoning Surveillance State’, New York Review of Books, 16 August 2019.

㉔ Christian Shepherd, ‘China’s SenseTime sells out of Xinjiang joint venture’, Financial Times, 15 April 2019.

㉕ Roth and Wang, ‘Data Leviathan: China’s Burgeoning Surveillance State’; Mohd Ayan, ‘China’s forced sterilisation on the Uyghur women: a gross violation of human rights’, LSE blog, 13 October 2020, <https://blogs.lse.ac.uk/socialpolicy/2020/10/13/chinas-forced-sterilisation-on-the-uyghur-women-a-gross-violation-of-human-rights/>[accessed 2 December 2020].

㉖ Siminia Mistreanu, ‘Life Inside China’s Social Credit Laboratory’, Foreign Policy, 3 April 2018, <https://foreignpolicy.com/2018/04/03/life-inside-chinas-social-credit- laboratory/> [accessed 2 December 2020]; Nicole Kobie, ‘The complicated truth about China’s social credit system’, Wired, 7 June 2019, <https://www.wired.co.uk/article/ china-social-credit-system-explained> [accessed 2 December 2020]; Strittmatter, We’ve Been Harmonised."

㉗ Sherisse Pham, ‘The United States Strikes a Blow to China’s AI Ambitions’, CNN Business, 10 October 2019.

㉘ Rebecca Fanin, ‘Facebook Copies China’s WeChat Once Again. Who Would Have Guessed This?’, Forbes, 20 June 2019.

㉙ Shoshana Zuboff, The Age of Surveillance Capitalism: The Fight for a Human Future at the New Frontier of Power (New York: Public Affairs, 2019).

㉚ Guy Rosen, ‘New EU Report Finds Progress Fighting Hate Speech’, Facebook, 23 June 2020, <https://about.fb.com/news/2020/06/progress-fighting-hate-speech/> [accessed 2 July 2020].

㉛ Ryan Browne, ‘Edward Snowden says “the most powerful institutions in society have become the least accountable”’, CNBC, 4 November 2019, <https://www.cnbc.com/2019/11/04/edward-snowden- warns- about- data- collection- surveillance- at- web-summit.html> [accessed 10 July 2020].

㉜ Barton Gellman, 'NSA infiltrates links to Yahoo, Google data centers worldwide, Snowden documents say', Washington Post, 30 October 2013, <https://www.washingtonpost.com/world/national- security/nsa-infiltrates-links-to-yahoo-google-data- centers-worldwide-snowden-documents-say/2013/10/30/e51d661e-4166-11e3-8b74-d89d714ca4dd_story.html> [accessed 15 July 2020].

㉝ Glenn Greenwald, 'XKeyscore: NSA tool collects "nearly everything a user does on the internet"', Guardian, 21 July 2013, https://www.theguardian.com/world/2013/jul/31/nsa-top-secret-program-online-data> [accessed 16 July 2020].

㉞ David Cole, '"No Place to Hide" by Glenn Greenwald, on the NSA's sweeping efforts to "Know it All"', Washington Post , 12 May 2014, <https://www.washingtonpost.com/opinions/no- place- to- hide- by- glenn- greenwald- on- the- nsas-sweeping- efforts-to-know-it-all/2014/05/12/dfa45dee-d628-11e3-8a78-8fe50322a72c_story.html> [accessed 2 July 2020].

㉟ 'Surveillance Technologies', American Civil Liberties Union (ACLU), <https://www.aclu.org/issues/privacy-technology/surveillance-technologies> [accessed 2 July 2020].

㊱ René Girard, 'Triangular Desire', in Deceit, Desire and the Novel: Self and Other in Literary Structure (Baltimore, MD: Johns Hopkins University Press, 1965), pp. 1–52;René Girard, 'Hamlet's Dull Revenge', in A Theater of Envy: William Shakespeare (New York: Oxford University Press, 1991), pp. 271–89.

㊲ Russell Berman and Peter Thiel, 'German 270: Sovereignty and the Limits of Globali-zation and Technology', Stanford University, Winter Quarter 2019, <https://www.documentcloud.org/documents/5677718-Thiel-German-270-Syllabus.html> [accessed 2 October 2020].

㊳ Interview with Sam Wolfe (October 2019), a Stanford senior studying Comparative Literature and Political Science who took Peter Thiel's course 'Sovereignty and the Limits of Globalization and Technology' in 2018.

㊴ Sigmund Freud, Civilization and Its Discontents (Vienna: Internationaler Psychoanalytischer Verlag Wien, 1930).

㊵ Darren Lim and Victor Ferguson, 'Decoupling and the Technology Security Dilemma', China Story Yearbook, Australian National University, 2020.

㊶ Yoko Kubota and Liza Lin, 'Beijing Orders Agencies to Swap Out Foreign Tech for Chinese Gear', Wall Street Journal, 9 December 2019, <https://www.wsj.com/articles/beijing-orders-agencies-to-swap-out-foreign-tech-for-chinese-gear-11575921277> [accessed 2 July 2020]; Yuan Yang and Nian Liu, 'Beijing orders state offices to replace foreign PCs and software', Financial Times, 8 December 2019, <https://www.ft.com/content/b55fc6ee-1787-11ea-8d73-6303645ac406> [accessed 2 July 2020].

㊷ ‘The Clean Network’, US Department of State, <https://www.state.gov/the-clean-network/> [accessed 2 July 2020]; ‘US borrows from Beijing’s playbook to decouple the Internet from China’, Mercator Institute for China Studies, MERICS China Briefing, 13 August 2020, <https://merics.org/en/newsletter/us-borrows-beijings-playbook-decouple-internet-china> [accessed 2 September 2020].

㊸ James Crabtree, ‘Trump’s TikTok battle heralds the ugly birth of a new splinternet’,Wired, 21 September 2020, <https://www.wired.co.uk/article/tiktok-china-trump> [accessed 2 October 2020].

㊹ Yuan Yang and James Fontanella-Khan, ‘Grindr sold by Chinese owner after US national security concerns’, Financial Times, 7 March 2020, <https://www.ft.com/content/a32a740a-5fb3-11ea-8033-fa40a0d65a98> [accessed 3 October 2020].

㊺ James Crabtree, ‘Trump’s TikTok battle heralds the ugly birth of a new splinternet’.

Chapter two: connected man: how society became divided by envy

1. Circe de Bruin, Lucia Hoenselaars and Machiel Spruijt, 'My Phone Helped Me With Everything', Public History Amsterdam, 2 December 2015, http://publichistory.humanities.uva.nl/queercollection/my-phone-helped-me-with-everything/> [accessed 2 October 2020].
2. Rachel Halliburton, 'How Marine Le Pen is Winning France's Gay Vote', The Spectator, 15 August 2016.
3. Caroline Marie Lancaster, 'Not So Radical After All: Ideological Diversity Among Radical Right Supporters and Its Implications', Political Studies, September 2019.
4. Jaime Woo, Meet Grindr: How one app changed the way we connect, (CreateSpace, 2013).
5. Emma Hope Allwood, 'What's Grindr's new agenda?', Dazed, 14 January 2016, <https://www.dazeddigital.com/fashion/article/29181/1/grindr-s-new-genda> [accessed 4 October 2020].
6. Zygmunt Bauman and David Lyon, Liquid Surveillance: A Conversation (Cambridge:Polity, 2012).
7. 7 Jean-Claude Kaufmann, Love Online (Cambridge: Polity, 2012).
8. 'The New Grindr: Zero Feet Away', CISION PR Newswire, 1 October 2013, <https:// www.prnewswire.com/news-releases/the-new-grindr-zero-feet-away-225991411.html> [accessed 8 October 2020].

⑨ Michael Rosenfeld, Reuben J. Thomas, Sonia Hausen, ‘Disintermediating your friends: How online dating in the United States displaces other ways of meeting’,Proceedings of the National Academy of Sciences, Volume 116, Issue 36, July 2019.

⑩ Alfie Bown, ‘Tech is turning love into a right-wing game’, Guardian, 3 May 2018,<https://www.theguardian.com/commentisfree/2018/may/03/tech-love-rightwing-game-facebook-dating-app> [accessed 4 October 2020]; ‘Political dating sites are hot’, The Economist, 26 January 2017, <https://www.economist.com/business/2017/01/26/political-dating-sites-are-hot> [accessed 5 October 2020]; Claire Downs, ‘I tried the anti-feminist dating app for real “patriots”’, Daily Dot, 19 September 2019,<https://www.dailydot.com/irl/patrio-dating-app/> [accessed 8 October 2020].

⑪ ‘Table FG4. Married Couple Family Groups, by Presence of Own Children in Specific Age Groups, and Age, Earnings, Education, and Race and Hispanic Origin of Both Spouses: 2010 (thousands)’ in ‘America’s Families and Living Arrangements: 2010’, United States Census Bureau <https://www.census.gov/data/tables/2010/demo/families/cps-2010.html> [accessed 8 October 2020].

⑫ Gregory A. Huber and Neil Malhotra, ‘Political Homophily in Social Relationships: Evidence from Online Dating Behavior’, Journal of Politics, January 2017.

⑬ Levi Boxell, Matthew Gentzkow and Jesse M. Shapiro, ‘Greater Internet use is not associated with faster growth in political polarization among US demographic groups’, PNAS, 114, no. 40 (2017), 10612–17.

⑭ Dhiraj Murthy, Twitter: Social Communication in the Twitter Age (Cambridge: Polity,2013).

⑮ Freud, Civilization and Its Discontents.

⑯ J. D. Shadel, 'Grindr was the first big dating app for gay men: Now it's falling out of favor', Washington Post, 6 December 2018, <https://www.washingtonpost.com/lifestyle/2018/12/06/grindr-was-first-big-dating-app-gay-men-now-its-falling-out-favor/>[accessed 8 October 2020].

⑰ Eleanor Hall, 'Misogyny isn't dying out, it just moved to WhatsApp', GQ, 21 November 2018, <https://www.gq-agazine.co.uk/article/whatsapp-groups>[accessed 8 October 2020].

⑱ Heather Webb, 'The Global Supply Chain of a Mobile Phone', Ethical Consumer, 15 October 2018, <https://www.ethicalconsumer.org/technology/global-supply-chain-mobile-phone> [accessed 8 June 2020]; Magdalena Petrova, 'We traced what it takes to make an iPhone, from its initial design to the components and raw materials needed to make it a reality', CNBC, 14 December 2018, <https://www.cnbc.com/2018/12/13/inside-apple-iphone-where-parts-and-materials-come-from.html> [accessed 8 June 2020].

⑲ Ulrich Beck, 'Living your own life in a runaway world: individualisation, globalisation and politics', in Will Hutton and Anthony Giddens (eds), On the Edge (New York: Vintage Books, 2001).

⑳ Bauman and Lyon, Liquid Surveillance.

㉑ See for instance Richard M. Perloff, 'Social Media Effects on Young Women's Body Image Concerns: Theoretical Perspectives and an Agenda for Research', Sex Roles, 71(2014), 363–77, <https://doi.org/10.1007/s11199-014-0384-6>.

㉒ Leon Festinger, 'A theory of social comparison processes', Human Relations, 7, no. 2 (1954), 117–40, <doi:10.1177/001872675400700202>.

㉓ 我很感謝 Suzanne Skevington 教授，這位任教於曼徹斯特大學的社會心理學家，向我們分享她在研究生時期接受 Henri Tajfel 指導的回憶。

㉔ ‘5 Coolest Cars from Justin Bieber’s Instagram’, Newswheel, 18 January 2016, <https://thenewswheel.com/5-coolest-cars-from-justin-biebers-instagram/> [accessed 8 June2020]; Greta Heggeness, ‘Kelly Ripa & 7 Other Celebs Who Gave Us Rare Glimpses of Their Backyard Pools’, Purewow, 5 October 2020, <https://www.purewow.com/entertainment/celebrity-backyard-pools> [accessed 8 November 2020]; Kim Kar-dashian’s Instagram profile, <https://www.instagram.com/kimkardashian/> [accessed 8 November 2020].

㉕ Ivan Krastev, ‘The Ambiguous Legacy of 1989’, German Marshall Fund of the United States, 2 October 2015, <https://www.gmfus.org/blog/2015/10/02/ambiguous-legacy-1989> [accessed 8 October 2020].

㉖ Justyna Pawlak and Marcin Goe, ‘For many voters in Poland, economic growth is not enough’, Reuters, 20 October 2015.

㉗ Aleksandr Smolar, Interview with the author (2015).

㉘ Zygmunt Bauman, Retropia (Cambridge: Polity, 2017), p. 100.

㉙ John Naughton, ‘From viral conspiracies to exam fiascos, algorithms come with serious side effects’, Guardian, 6 September 2020, https://www.theguardian.com/technology/2020/sep/06/from- viral-conspiracies- to- exam- fiascos- algorithms- come-with-serious-side-effects> [accessed 8 September 2020].

㉚ Shoshana Zuboff, The Age of Surveillance Capitalism: The Fight for a Human Future at the New Frontier of Power (New York: Public Affairs, 2019).

㉛ Neil Howe, ‘A Special Price Just for You’, Forbes, 17 November 2017, <https://www.forbes.com/sites/neilhowe/2017/11/17/a-special-price-just-for-ou/#12f3b4bf90b3>[accessed 8 September 2020].

㉜ Rafi Mohammed, ‘How Retailers Use Personalized Prices to Test What You’re Willing to Pay’, Harvard Business Review, 20 October 2017, <https://hbr.org/2017/10/how-retailers-use-personalized-prices-to-test-what-youre-willing-to-pay> [accessed 8 September 2020].

㉝ Marion Dakers, ‘Uber knows that customers with dying batteries are more likely to accept surge pricing’, Telegraph, 22 May 2016, <https://www.telegraph.co.uk/business/2016/05/22/uber-app-can-detect-when-a-users-phone-is-about-to-die/> [accessed 8 September 2020].

㉞ Kate Abnett, ‘Will Personalised Pricing Take E-Commerce Back to the Bazaar?’, The Business of Fashion, 20 March 2015, https://www.businessoffashion.com/articles/fashion-tech/personalised-pricing-turns-e-commerce-online-bazaar> [accessed 8 October 2020].

㉟ Joseph F. Coughlin, ‘The “Internet of Things” Will Take Nudge Theory Too Far’, Big Think, 27 March 2017, <https://bigthink.com/disruptive-demographics/the-internet-of-things-big-data-when-a-nudge-becomes-a-noodge> [accessed 8 October 2020].

㊱ Byung-Chul Han, Psychopolitics: Neoliberalism and New Technologies of Power (London/New York: Verso, 2017).

㊲ James Williams, Stand Out of Our Light: Freedom and Resistance in the Attention Economy (Cambridge: Cambridge University Press, 2018).

㊳ Kelsey Piper, 'AI could be a disaster for humanity. A top computer scientist thinks he has the solution', Vox, 26 October 2019, https://www.vox.com/future-perfect/2019/10/26/20932289/ai-stuart-russell-human-compatible> [accessed 9 October 2020].

㊴ Jeffrey Dastin, 'Amazon scraps secret AI recruiting tool that showed bias against women', Reuters, 10 October 2018, <https://www.reuters.com/article/us-amazon-com-jobs-automation-insight-idUSKCN1MK08G> [accessed 8 October 2020].

㊵ Henry Kissinger, 'How the Enlightenment Ends', Atlantic, June 2018, <https://www.theatlantic.com/magazine/archive/2018/06/henry- kissinger- ai- could- mean- the- end-of-human-history/559124/> [accessed 11 October 2020].

㊶ Frank Pasquale, The Black Box Society: The Secret Algorithms That Control Money and Information (Cambridge MA: Harvard University Press, 2015).

㊷ Henry Kissinger, Eric Schmidt and Daniel Huttenlocher, 'The Metamorphosis', Atlantic, August 2019, <https://www.theatlantic.com/magazine/archive/2019/08/henry-kissinger-the-metamorphosis-ai/592771/> [accessed 11 October 2020].

㊸ Jamie Susskind, Future Politics: Living Together in a World Transformed by Tech (Oxford: Oxford University Press, 2018).

Chapter three : national cultures of un peace : the politics of taking back control

❶ 'Nearly two-thirds of Czechs oppose taking in war refugees: poll', Reuters, 15 February 2016, <http://www.reuters.com/article/us-europe-migrants-czech-poll-idUSKCN0VO1B3> [accessed 13 October 2020].

❷ Dominik J n, 'Populist politician stages "Islamic State invasion" in Old Town Square', Radio Prague International, 22 August 2016, <http://www.radio.cz/en/section/curraffrs/far-right-politician-stages-islamic-state-invasion-in-old-town-square> [accessed 25 July 2020].

❸ 同上。

❹ Jan J. Hansen and Jürgen Osterhammel, Decolonization: A Short History (Princeton: Princeton University Press, 2017).

❺ Manuel Castells, The Internet Galaxy: Reflections on the Internet Business and Society (Oxford University Press, 2003).

❻ John B. Judis and Ruy Teixeira, The Emerging Democratic Majority (New York: Scrib-ner, 2002).

❼ 'Transcript: Donald Trump's Victory Speech', New York Times, 9 November 2016, <http://www.nytimes.com/2016/11/10/us/politics/trump-speech-transcript.html?smprod=nytcore-iphone&smid=nytcore-iphone-share&_r=0> [accessed 25 July 2020].

⑧ Casey Newton, 'Read the full transcript of Mark Zuckerberg's leaked internal Face-book meetings', Verge, 1 October 2019, <https://www.theverge.com/2019/10/1/20892354/mark-zuckerberg-full-transcript-leaked-facebook-meetings?fbclid=IwAR2FfECh390qMWQJdaq9cq38eOBABmZJaEbyyhcJprnOPjw18t2uRx6MGUM> [accessed 25 July 2020].

⑨ Ronald Inglehart and Pippa Norris, 'Trump, Brexit, and the Rise of Populism: Eco-nomic Have-Nots and Cultural Backlash', HKS Faculty Research Working Paper Series RWP16-026, August 2016, <https://www.hks.harvard.edu/publications/trump-brexit-and-rise-populism-economic-have-nots-and-cultural-backlash> [accessed 25 July 2020].

⑩ David Abernethy, The Dynamics of Global Dominance: European Overseas Empires, 1415–1980 (New Haven, CT: Yale University Press, 2000).

⑪ 同上。

⑫ Stuart Laycock, All the Countries We've Ever Invaded: And the Few We Never Got Round To (Cheltenham: The History Press, 2012).

⑬ Eric Hobsbawm, Industry and Empire: From 1750 to the Present Day (2nd edition)(London: Penguin Group, 1999).

⑭ Steve McCaskill, 'London Is "Most Connected" Major City In The World', Silicon. co.uk, 20 June 2016, <https://www.silicon.co.uk/networks/london-world-wi-fi-day-wba-193981> [accessed 25 July 2020].

⑮ 'London is the world's most connected city, HK leads in Asia', WIT, 19 May 2016, <http://www.webintravel.com/rome2rio-global-connectivity-ranking/> [accessed 25 July 2020]."

⑯ ‘The most globally connected financial centre: Always open and connected across the globe’, <https://www.theglobalcity.uk/global-financial-centre> [accessed 25 July 2020]."

⑰ Wolfgang Streek, Buying Time: The Delayed Crisis of Democratic Capitalism (London/New York: Verso Books, 2014).

⑱ See for example Morawiecki’s 2017 interview for Polish TV (19 October 2017) where he quotes Berszidskij to be able to say that Poland can be seen as a ‘foreign-owned’ country, <https://www.youtube.com/watch?v=3b3y_1uJWIA> [accessed 25 July 2020].

⑲ Paul Streeten, ‘The Use and Abuse of Models in Development Planning’, in The Frontiers of Development Studies (London: Palgrave Macmillan, 1972),pp. 52–70.

⑳ Thomas Piketty, Emmanuel Saez and Gabriel Zucman, ‘Distributional National Accounts: Methods and Estimates for the United States’, Quarterly Journal of Economics, 11, no. 2 (2018), 553–609.

㉑ Susi Dennison, Mark Leonard and Adam Lury, ‘What Europeans really feel: The battle for the political system’, ECFR, 16 May 2019, https://www.ecfr.eu/publications/summary/what_europeans_really_feel_the_battle_for_the_political_system_eu_election> [accessed 25 July 2020].

㉒ Will Davies, Nervous States: How Feeling Took Over the World (London: Jonathan Cape, 2018).

㉓ Dennison, Leonard and Lury, ‘What Europeans really feel’.

Chapter four : The Geopolitics of Connectivity: why coun tries compete at hertha n work together

❶ 英國政治家 Norman Angell 是史上唯一一位因為出版一本書而獲頒諾貝爾和平獎的人，他在一九一〇年主張，自由貿易的擴張將造成主權國家之間更為強烈的互相依賴，伴隨著更完善的教育，將使戰爭變得不理性（因為互相毀滅的危險）且不文明。一九一四年八月爆發的第一次世界大戰，顯然駁斥了他的主要論點。前美國總統 Richard Nixon 向中國敞開門戶、前西德總理 Willy Brandt 的「東方政策」（Ostpolitik），以及前美國國務卿 Henry Kissinger 對蘇聯的緩和（Détente）政策時，也曾出現類似爭論。

❷ Thomas Friedman, The World Is Flat: A Brief History of the Twenty-first Century (3rd edition) (London: Picador, 2007).

❸ Albert Hirschman, National Power and the Structure of Foreign Trade (Berkeley and Los Angeles: University of California Press, 1945).

❹ 國際關係學者 Dale Copeland 主張，當國家領導人對於未來的貿易環境有正面預期時，他們會想維持和平狀態，以確保經濟利益，藉此強化他們的長期權力。然而，當對貿易環境的預期轉為負面時，領導人則傾向擔心無法取得原物料與市場，因而更刺激他們挑起危機，以維繫自身的商業利益。參見 Dale C. Copeland, ‘Economic Interdependence and War: A Theory of Trade Expecta-tions’, International Security, 20, no. 4 (1996), 5–41.

❺ 同上。

❻ Erik Gartzke, ‘Interdependence really is complex’, University of California San Diego, February 2010, http://pages.ucsd.edu/~egartzke/papers/complexinterdep_02242010.pdf> [accessed 13 October 2020].

❼ Center for Strategic and International Studies, ‘The Grayzone Project’, <https://www.csis.org/grayzone> [accessed 25 July 2020]; Raphael S. Cohen and others, The Future of Warfare in 2030: Project Overview and Conclusions, RAND, 2020, <https://www.rand.org/pubs/research_reports/RR2849z1.html> [accessed 25 November 2020].

❽ Helmi Noman, ‘Internet Censorship and the Intraregional Geopolitical Conflicts in the Middle East and North Africa’, Berkman Klein Center Research Publication No. 1 (2019).

❾ Michael Sexton and Eliza Campbell, Cyber War & Cyber Peace in the Middle East: Digital Conflict in the Cradle of Civilization (Middle East Institute, October 2020).

❿ 同上。

⓫ Christopher Bing and Raphael Satter, ‘Exclusive: Trump campaign targeted by Iran-linked hackers – sources’, Reuters, 4 October 2019, <https://www.reuters.com/article/us-cyber-security-iran-trump-exclusive/exclusive-trump-campaign-targeted-by-iran-linked-hackers-sources-idUSKBN1WJ2B4> [accessed 25 November 2020].

⓬ Adam Goldman, ‘Spy Betrayed U.S. to Work for Iran, Charges Say’, New York Times, February 2019, https://www.nytimes.com/2019/02/13/world/middleeast/air-force-monica-elfriede-witt-iran.html> [accessed 28 November 2020]; ‘Ex-US Air Force officer Monica Witt charged with spying for Iran’, BBC News, 13 February 2019, <https://www.bbc.com/news/world-us-canada-47231777> [accessed 28 November 2020]; ‘Monica Elfriede Witt’, FBI Most Wanted, 13 February 2019, <https://www.fbi.gov/wanted/counterintelligence/monica-elfriede-witt> [accessed 28 November 2020].

⑬ ‘Cyber Operations Tracker’, Council on Foreign Relations, <https://www.cfr.org/cyber-operations/> [accessed 28 January 2021].

⑭ Ariane M. Tabatabai, ‘Syria Changed the Iranian Way of War’, Foreign Affairs, 16 August 2019.

⑮ ‘Twitter Suspends 90,000 Accounts Used to Spread Saudi Spam’, Bloomberg, 20 December 2019.

Chapter five: An Anatomy of Unpeace: how globalization was turned into a weapon

❶ ‘Turkey’s charismatic pro-Islamic leader’, BBC Europe, 4 November 2002, <http://news.bbc.co.uk/2/hi/europe/2270642.stm> [accessed 13 October 2020].

❷ ‘Erdo an’s new sultanate’, Economist, 4 February 2016, <https://www.economist.com/special-report/2016/02/04/erdogans-new-sultanate> [accessed 25 October 2020].

❸ Kathrin Hille and Laura Pitel, ‘Russia and Turkey seek to repair ties after Putin and Erdo an phone call’, Financial Times, 29 June 2016, <https://www.ft.com/content/210057f2-3df6-11e6-8716-a4a71e8140b0> [accessed 21 October 2020].

❹ Dan Drezner, The Sanctions Paradox: Economic Statecraft and International Relations (Cambridge: Cambridge University Press, 1999).

❺ Joanna Diane Caytas, ‘Weaponizing Finance: U.S. and European Options, Tools, and Policies’, Columbia Journal of European Law, 23, no. 441 (2017).

❻ Ellie Geranmayeh, ‘Secondary reach of US sanctions in Europe: how far is too far?’, ECFR Blog, 12 June 2014, <http://www.ecfr.eu/blog/entry/secondary_reach_of_us_sanctions_in_europe_how_far_is_too_far> [accessed 17 February 2020].

❼ 7 Joanna Diane Caytas, ‘Weaponizing Finance’; Eric Lichtblau and James Risen, ‘Bank Data Is Sifted by U.S. in Secret to Block Terror’, New York Times, 23 June 2006, <https://www.nytimes.com/2006/06/23/washington/23intel.html> [accessed 16 October 2020].

❽ 'Facing the sanctions challenge in financial services: A global sanctions compliance study', Deloitte, 2009, <https://www2.deloitte.com/content/dam/Deloitte/ru/Documents/financial-services/Facing%20the%20sanctions%20challenge%20in%20financial%20services.pdf> [accessed 18 February 2020].

❾ Juan Zarate, Treasury's War: The Unleashing of a New Era of Financial Warfare (New York: Public Affairs, 2013), p. 244.

❿ Greg Satell, 'Here's How Obama's Russia Sanctions Will Destroy Vladimir Putin', Forbes, 28 April 2014, <http://www.forbes.com/sites/gregsatell/2014/04/28/ heres-how-obamas-sanctions-will-destroy-vladimir-putin/> [accessed 18 February 2020].

⓫ 同上。

⓬ 'The struggle over chips enters a new phase', Economist, 23 January 2021.

⓭ Nisha Gopalan, 'China May Dismiss U.S. Sanctions. Its Banks Can't', Bloomberg, 14 August 2020, <https://www.bloomberg.com/opinion/articles/2020-08-13/china-banks-bowing-to-u-s-sanctions-shows-dollar-s-power> [accessed 18 December 2020].

⓮ Mark Leonard(ed.), Connectivity Wars.

⓯ Li Keqiang, 'China deepens strategy of domestic demand expansion in the course of reform and opening-up', China.org.cn, 4 March 2012, <http://www.china.org.cn/china/2012-03/04/content_24801231.htm> [accessed 18 February 2020].

⑯ Dimitri Simes, ‘China and Russia ditch dollar in move towards “financial alliance”’, Financial Times, 17 August 2020, <https://www.ft.com/content/8421b6a2-1dc6-4747-b2e9-1bbfb7277747> [accessed 19 November 2020].

⑰ Steven Blockmans, ‘Extraterritorial sanctions with a Chinese trademark’, CEPS, 26 January 2021, <https://www.ceps.eu/ceps- publications/ extraterritorial- sanctions- with-a-chinese-trademark/> [accessed 19 November 2020].

⑱ Hirschman, National Power and The Structure of Foreign Trade.

⑲ Robert D. Atkinson, ‘A Remarkable Resemblance’, The International Economy, Fall 2020.

⑳ Kate Buck, ‘I’ve seen starving North Korean women executed for eating their own children’, Metro, 27 February 2019,<https://metro.co.uk/2019/02/27/ive-seen-starving-north-korean-women-executed-for-eating-their-own-children-8726479/> [accessed 21 November 2020].

㉑ Matthias Neuenkirch and Florian Neumeier, ‘The Impact of UN and US Economic Sanctions on GDP Growth’, Forschungsschwerpunkt Internationale Wirtschaft (FIW) Working Paper 138 (January 2015), https://www.fiw.ac.at/fileadmin/Documents/Publikationen/Working_Paper/N_138_NeuenkirchNeumeier.pdf> [accessed16 February 2020].

㉒ Rune Friberg Lyme, ‘Sanctioning Assad’ s Syria: Mapping the economic, socioeconomic and political repercussions of the international sanctions imposed on Syria since March 2011’, Danish Institute for International Studies (DIIS) Report 13 (2012), <https://www.diis.dk/files/media/publications/import/extra/rp2012-13_sanctioning_assads_syria_web_1.pdf> [accessed 16 February 2020], p. 60; Rania Khalek, ‘US and EU Sanctions are Punishing Ordinary Syrians and Crippling Aid Work, U.N. report reveals’, The Intercept, 28 September 2016, <https://theintercept.com/2016/09/28/u-s-sanctions-are-punishing-ordinary-syrians-and-crippling-aid-work-u-n-report-reveals/> [accessed 16 February 2020].

㉓ ‘World Economic Outlook: Global Manufacturing Downturn, Rising Trade Barriers’, IMF, October 2019, <https://www.imf.org/en/Publications/WEO/Issues/2019/10/01/world-economic-outlook-october-2019> [accessed 16 February 2020], p. 14.

㉔ ‘Inflation rate, average consumer prices’, IMF, 2020, <https://www.imf.org/external/datamapper/PCPIPCH@WEO/WEOWORLD/VEN> [accessed 16 November 2020]; Emilio Fernandez Corugedo and Jaime Guajardo, ‘For Venezuela’ s Neighbors, Mass Migration Brings Economic Costs and Benefits’, IMF Blog, 21 November 2019, <https://blogs.imf.org/2019/11/21/for-venezuelas-neighbors-mass-migration-brings-economic-costs-and-benefits/> [accessed 16 February 2020].

㉕ ‘Venezuelan Refugee and Migrant Crisis: Overview’, IOM, <https://www.iom.int/venezuela-refugee-and-migrant-crisis> [accessed 16 December 2020].

㉖ Jerg Gutmann, Matthias Neuenkirch and Florian Neumeier, 'Sanctioned to Death?The Impact of Economic Sanctions on Life Expectancy and its Gender Gap', University of Trier, Research Papers in Economics, no. 6/17 (September 2018), <https://www.uni-trier.de/fileadmin/fb4/prof/VWL/EWF/Research_Papers/2017-06.pdf> [accessed 16 February 2020].

㉗ Abbas Alnasrawi, 'Iraq: economic sanctions and consequences, 1990–2000', Third World Quarterly, 22, no. 2 (2001), 205–18.

㉘ 同上。

㉙ Kee B. Park, Miles Kim and Jessup Jong, 'The Human Costs of UN Sanctions and Funding Shortfalls for Humanitarian Aid in North Korea', 38 North, 22 August 2019, <https://www.38north.org/2019/08/parkkimjong082219/> [accessed 17 February 2020].

㉚ Mark Weisbrot and Jeffrey Sachs, 'Economic Sanctions as Collective Punishment: The Case of Venezuela', Center for Economic and Policy Research, April 2019, <https://cepr.net/images/stories/reports/venezuela-sanctions-2019-04.pdf> [accessed 17 February 2020].

㉛ 同上, p. 11。

㉜ Marton Dunai, 'Hungary welcomes wealthy Chinese despite migrant hostility', Reuters, 5 October 2016, <http://www.reuters.com/article/us-europe-migrants-china-hungary-idUSKCN1250RN> [accessed 20 February 2020].

㉝ Robert Velkey, 'News About Injured Survivors of the Verona Bus Accident', Hungary Today, 28 February 2017, <http://hungarytoday.hu/news/91762> [accessed 18 February 2020].

㉞ 同上。

㉟ Csaba Tóth, ‘Full text of Viktor Orbán’s speech at B ile Tu nad (Tusnádfürd) of 26 July 2014’, The Budapest Beacon, 29 July 2014, <https://budapestbeacon.com/full-text-of-viktor-orbans-speech-at-baile-tusnad-tusnadfurdo-of-26-july-2014/> [accessed 10 February 2020]."

㊱ Jonathan E. Hillman, ‘How Big Is China’s Belt and Road?’, Center for Strategic and International Studies, 3 April 2019, <https://www.csis.org/analysis/how-big-chinas-belt-and-road> [accessed 10 April 2020].

㊲ Dragan Pavli evi and Agatha Kratz, ‘Testing the China Threat paradigm: China’s high-speed railway diplomacy in Southeast Asia’, The Pacific Review, 31, no. 2 (2018), 151–68.

㊳ Keith Barney, ‘High speed rail could bankrupt Laos, but it’ll keep China happy’, The Conversation, 7 April 2014, <http://theconversation.com/high-speed-rail-could-bankrupt-laos-but-itll-keep-china-happy-22657> [accessed 10 February 2020].

㊴ 雖然研究者 Agatha Kratz 指出，她訪談過的多位當地保安人員都對現今鐵路在戰爭中的作用表示樂觀，因為只需幾發精確瞄準的飛彈，就可以讓鐵路系統故障或崩潰。

㊵ James Kynge and Jonathan Wheatley, ‘China pulls back from the world: rethinking Xi’s “project of the century”’, Financial Times, 11 December 2020, <https://www.ft.com/content/d9bd8059-d05c-4e6f-968b-1672241ec1f6> [accessed 21 February 2021].

41 Jude Blanchette and Jonathan E. Hillman, 'China's Digital Silk Road after the Coronavirus', Center for Strategic and International Studies, 13 April 2020, <https://www.csis.org/analysis/chinas-digital-silk-road-after-coronavirus> [accessed 21 February 2021].

42 David Sanger, The Perfect Weapon: War, Sabotage, and Fear in the Cyber Age (Melbourne: Scribe Publications, 2018).

43 Zhu Hua, FBI Most Wanted, 20 December 2018, <https://www.fbi.gov/wanted/cyber/zhu-hua> [accessed 10 February 2020].

44 'APT10 was managed by the Tianjin bureau of the Chinese Ministry of State Security', Intrusion Truth, 15 August 2018, <https://intrusiontruth.wordpress.com/2018/08/15/apt10-was-managed-by-the-tianjin-bureau-of-the-chinese-ministry-of-state-security/> [accessed 10 February 2020].

45 Brian Barrett, 'How China's Elite Hackers Stole the World's Most Valuable Secrets',Wired, 20 December 2018, <https://www.wired.com/story/doj-indictment-chinese-hackers-apt10/> [accessed 10 February 2020]."

46 Henry Farrell and Abraham L. Newman, 'Weaponized Interdependence: How global economic networks shape state coercion',International Security, 44, no. 1 (2019), 42–79.

47 Farrell and Newman quoted in Michael Hirsch, 'How America's Top Companies Created the Surveillance State', National Journal, 26 July 2013, <http://www.nextgov.com/cio-briefing/2013/07/analysis- how- americas- top- tech- companies- created-surveillancestate/67490/> [accessed 16 October 2020].

48 Alex Hern, 'WannaCry, Petya, NotPetya: how ransomware hit the big time in 2017', Guardian, 30 December 2017, <https://www.theguardian.com/technology/2017/dec/30/wannacry-petya-notpetya-ransomware> [accessed 10 February 2020].

49 'Chinese Cyber Spies Hack Taiwan Ruling Party: FireEye', Security Week, 2 June 2016, <https://www.securityweek.com/chinese-cyber-spies-hack-taiwan-ruling-party-fireeye> [accessed 13 February 2020].

50 Herbert Lin, 'The Existential Threat From Cyber Enabled Information Warfare',Bulletin of the Atomic Scientists, (June 2019), 187–96.

51 同上。

52 Christopher Wray, 'The FBI and the National Security Threat Landscape: The Next Paradigm Shift', FBI Speeches, 26 April 2019, <https://www.fbi.gov/news/speeches/the-fbi-and-the-national-security-threat-landscape-the-next-paradigm-shift> [accessed 13 February 2020].

53 Kristin Shi-Kupfer and Mareike Ohlberg, 'China's Digital Rise: Challenges for Europe', MERICS Papers on China, 7, April 2019.

54 James Kynge and Nian Liu, 'From AI to facial recognition: how China is setting the rules in new tech', Financial Times, 7 October 2020, <https://www.ft.com/content/188d86df-6e82-47eb-a134-2e1e45c777b6> [accessed 16 December 2020].

55 同上。

56. Adrian Shahbaz, 'Freedom on the Net 2018: The Rise of Digital Authoritarianism', Freedom House, 2018, <https://freedomhouse.org/report/freedom-net/2018/rise-digital-authoritarianism> [accessed 16 December 2020].

57. Kieron O'Hara and Wendy Hall, 'Four Internets: the Geopolitics of Digital Governance', CIGI Papers Series, 7 December 2018,<https://www.cigionline.org/publications/four-internets-geopolitics-digital-governance> [accessed 14 July 2020].

58. 'Erdo an: Daha ileri giderseniz sınır kapıları açılır', Hürriyet, 25 November 2016,<http://www.hurriyet.com.tr/erdogan-daha-ileri-giderseniz-sinir-kapilarini-acariz40288025> [accessed 14 July 2020].

59. 'Turkish president threatens to send millions of Syrian refugees to EU', Guardian 12 February 2016, <https://www.theguardian.com/world/2016/feb/12/turkish-president threatens-to-send-millions-of-syrian-refugees-to-eu> [accessed 14 July 2020].

60. Kelly M. Greenhill, Weapons of Mass Migration: Forced Displacement, Coercion, and Foreign Policy (紐約州伊薩卡：康乃爾大學出版社, 2011).

61. Sholto Byrnes, 'Colonel Gaddafi warns Europe over "turning black"', New Statesman, 1 December 2010, <https://www.newstatesman.com/blogs/the-staggers/2010/12/obama-gaddafi-black-europe> [accessed 14 July 2020].

62. Greenhill, Weapons of Mass Migration.

63 Kelly M. Greenhill, ‘Migration as a Weapon in Theory and in Practice’, Military Review, November/December 2016, p. 27.

64 Frank Mattern and others, ‘Europe’s New Refugees: A Road Map for Better Integration Outcomes’, McKinsey Global Institute, 1 December 2016, p.1.

65 Michael A. Clemens, ‘Economics and Emigration: Trillion-Dollar Bills on the Sidewalk?’, Journal of Economic Perspectives, 25, no. 3 (2011).

66 ‘Migrant crisis: Russia and Syria “weaponising” migration’, BBC News, 2 March 2016,<http://www.bbc.com/news/world-europe-35706238> [accessed 14 July 2020].

67 ‘Overview of Rules on Entry and Residence of Nationals of CIS Member Countries in the Russian Federation’, V. I. Vernadsky Crimean Federal University <https://eng.cfuv.ru/viza-i-migracionnaya-podderzhka/overview-of-rules-on-entry-and-residence-of-nationals-of-cis-member-countries-in-the-russian-federation> [accessed 14 July 2020]; ‘Tajik Migrants with Re-entry Bans to the Russian Federation’, IOM, 2014, <https://publications.iom.int/books/tajik-migrants-re-entry-bans-russian-ederation> [accessed 14July 2020].

68 Mark Leonard, ‘Getting a Grip on Migration’, Project Syndicate, 17 June 2016, <https://www.project-syndicate.org/onpoint/getting-a-grip-on-migration-by-mark-leonard-2016-06> [accessed 14 October 2020].

69 Jonathan Woetzel et al, ‘People on the move: global migration’s impact and opportunity’, McKinsey Global Institute, December 2016, p. 1.

70 同上，p. 13。

71 同上。

72 Dan Senor and Saul Singer, Start-up Nation: The Story of Israel's Economic Miracle (New York: Twelve, 2009).

73 'Number of foreign fighters in Iraq and Syria doubles in a year, report finds', Guardian, 8 December 2015, <https://www.theguardian.com/world/2015/dec/08/isis-foreign-fighters-iraq-syria-doubles-report> [accessed 17 October 2020].

74 Richard Hall, 'Isis caliphate defeated: Victory declared as Islamic State loses last of its territory', Independent, 23 March 2019 <https://www.independent.co.uk/news/world/middle- east/ isis-caliphate- over- islamic- state- territory- lose- syria- iraq- terrorists-jihadis-a8781896.html> [accessed 14 October 2020].

75 Jessica Stern and J. M. Berger, 'Thugs wanted – bring your own boots: how Isisattracts foreign fighters to its twisted utopia', Guardian, 9 March 2015 <https://www.theguardian.com/world/2015/mar/09/how- isis- attracts- foreign- fighters- the- state- of-terror-book> [accessed 14 October 2020].

76 John Sutter and Lawrence Davidson, 'Teen tells climate negotiators they aren't mature enough', CNN, 17 December 2018, https://edition.cnn.com/2018/12/16/world/greta-thunberg-cop24/index.html> [accessed 14 October 2020].

㊆ Linda Givetash, ‘Australian wildfires declared among the “worst wildlife disasters in modern history”’, NBC News, 28 July 2020,<https://www.nbcnews.com/news/world/australian-wildfires- declared- among- worst- wildlife- disasters- modern- history-n1235071> [accessed 14 October 2020].

78 Naomi Klein, ‘“We have a once-in-century chance”: Naomi Klein on how we can fight the climate crisis’, Guardian , 14 September 2019, <https://www.theguardian.com/books/2019/sep/14/crisis-talk-green-new-deal-naomi-klein> [accessed 14 December 2020].

79 ‘About us’, Rainforest Concern, <https://www.rainforestconcern.org/about-us>[accessed 14 December 2020].

80 E. S. Brondizio, J. Settele, S. Díaz, and H. T. Ngo (eds), Global assessment report on biodiversity and ecosystem services of the Intergovernmental Science-Policy Platform on Biodiversity and Ecosystem Services (Bonn: IPBES secretariat, 2019).

81 Nina Tannenwald, ‘Life Beyond Arms Control: Moving Toward a Global Regime of Nuclear Restraint and Responsibility’, American Academy of Arts and Sciences, 2020.

82 Laurens Cerulus and Eline Schaart, ‘How the UN migration pact got trolled’, Politico,3 January 2019, <https://www.politico.eu/article/united-nations-migration-pact-how-got-trolled/> [accessed 4 April 2021].

Chapter six: The New Topography of Power

❶ Yuval Noah Harari, Homo Sapiens: A Brief History of Humankind (London: Harvill Secker, 2014).

❷ Jürgen Osterhammel, The Transformation of the World: A Global History of the Nineteenth Century (Princeton: Princeton University Press, 2014).

❸ Eric Hobsbawm, The Age of Revolution: Europe 1789-1848 (London: Weidenfeld & Nicolson, 1962).

❹ Vanessa Ogle, The Global Transformation of Time 1870-1950 (Cambridge, MA: Harvard University Press, 2015).

❺ 同上。

❻ 同上。

❼ Osterhammel, The Transformation of the World.

❽ Friedman, The World Is Flat.

❾ For a complete introduction to the basic concepts of network science see 關於網絡科學的基本概念，可從這本書得到完整的介紹：M. E. J. Newman, Networks: An Introduction (New York: Oxford University Press, 2010).

⑩ Anne-Marie Slaughter, 'The Real New World Order', Foreign Affairs, September/October 1997, <https://www.foreignaffairs.com/articles/1997-09-01/real-new-world-order> [accessed 27 July 2020].

⑪ 已有許多探討網絡的驚人作品問世，我想特別在此提及以下幾部：Anne-Marie Slaughter, The Chessboard and the Web: Strategies of Connection in a Networked World (New Haven, CT: Yale University Press, 2017); Parag Khanna, Connectography: Mapping the Global Network Revolution (London: Weidenfeld & Nicolson, 2017); Niall Ferguson, The Square and the Tower: Networks, Hierarchies and the Struggle for Global Power (London: Penguin, 2018); Albert-László Barabási, Linked: How Everything Is Connected to Everything Else and What It Means for Business, Science and Everyday Life (New York: Penguin, 2002); 以及柯斯特（Manuel Castells）的「資訊年代三部曲」: The Rise of Network Society (Oxford: Black well, 1996), The Power of Identity (1997) and End of Millennium (1998); Manuel Castells, Communication Power (Oxford University Press, 2009); Manuel Castells, The Internet Galaxy: Reflections on the Internet Business and Society (Oxford University Press, 2003); Manuel Castells, Networks of Outrage and Hope: Social Movements in the Internet Age (Cambridge: Polity, 2015).

⑫ John F. Padgett and Walter W. Powell, 'The Problem of Emergence', in The Emergence of Organizations and Markets (Princeton, NJ: Princeton University Press, 2012), p. 2.

⑬ Sulzhan Bali, Kearsley A. Stewart and Muhammad Ali Pate, 'Long shadow of fear in an epidemic: fearonomic effects of Ebola on the private sector in Nigeria', BMJ Global Health, 2016, <http://gh.bmj.com/content/1/3/e000111> [accessed 27 October 2020].

⑭ 同上。

15. Miller McPherson, Lynn Smith-Lovin and James M. Cook, 'Birds of a Feather: Homophily in Social Networks', Annual Review of Sociology, 27, no. 1 (2001), 415–44.

16. Barabási, Linked.

17. Tom Goodwin, 'The Battle Is For The Customer Interface', Tech Crunch, 3 March 2015,<https://techcrunch.com/2015/03/03/in-the-age-of-disintermediation-the-battle-is-all-for-the-customer-interface/> [accessed 27 October 2020].

18. Anne-Marie Slaughter, 'How to Succeed in the Networked World: A Grand Strategy for the Digital Age', Foreign Affairs, November/December 2016, <https://www.foreignaffairs.com/articles/world/2016-10-04/how-succeed-networked-world> [accessed 13 October 2020].

19. Slaughter, The Chessboard and the Web.

20. Barabási, Linked.

21. Peter Csermely and others, 'Structure and dynamics of core/periphery networks', Journal of Complex Networks, 1 (2013), 93-123, <https://arxiv.org/pdf/1309.6928.pdf>[accessed 27 October 2020].

22. Joshua Cooper Ramo, The Seventh Sense: Power, Fortune, and Survival in the Age of Networks (Boston, MA: Little, Brown & Company, 2016).

23. Howard French, China's Second Continent: How a Million Migrants Are Building a New Empire in Africa (London: Vintage, 2015).

Chapter seven: Empires of Connectivity

❶ Douglas McGray, 'The Marshall Plan', Wired, 2 January 2003, <https://www.wired.com/2003/02/marshall/> [accessed 14 October 2020].

❷ 'The dragon's new teeth', Economist, 7 April 2012, <http://www.economist.com/node/21552193?fsrc=nlw per cent7Chig per cent7C4-5-2012 per cent7C1303226 per cent7C36310463> [accessed 14 October 2020].

❸ Laura Rosenberger, 'Making Cyberspace Safe for Democracy: The New Landscape of Information Competition', Foreign Affairs, May/June 2020, <https://www.foreignaffairs.com/articles/china/2020-04-13/making-cyberspace-safe-democracy> [accessed 27 November 2020].

❹ Shawn Donnan, 'Biden Wants a Foreign Policy That Puts Middle-Class America First', Bloomberg , 4 February 2021, <https://www.bloomberg.com/news/articles/ 2021-02-04/bidens-foreign-policy-focuses-on-middle-class-americans > [accessed 15 February 2021]; Salman Ahmed and others, 'Making U.S. Foreign Policy Work Better for the Middle Class', Carnegie Endowment for International Peace, 23 September 2020, <https://carnegieendowment.org/2020/09/23/making- u.s.- foreign- policy- work-better-for-middle-class-pub-82728> [accessed 27 November 2020].

❺ 'Exclusive Interview: Jake Sullivan, Biden's National Security Adviser', NPR Politics Podcast, 30 December 2020, <https://www.npr.org/transcripts/951503916> [accessed 3 January 2021].

❻ ‘The Biden Plan to rebuild U.S. supply chains and ensure the U.S. does not face future shortages of critical equipment’, joebiden.com <https://joebiden.com/supplychains/> [accessed 27 November 2020].

❼ Kurt M. Campbell and Jake Sullivan, ‘Competition Without Catastrophe: How America Can Both Challenge and Coexist With China’, Foreign Affairs, September/October 2019, <https://www.foreignaffairs.com/articles/china/competition-with-china-without-catastrophe> [accessed 27 November 2020].

❽ Leonard, What Does China Think?

❾ Qin, A Relational Theory of World Politics (Cambridge: Cambridge University Press, 2018).

❿ Emilian Kavalski, ‘Guanxi or What is the Chinese for Relational Theory of World Politics’, International Relations of the Asia-Pacific, 18, no. 3 (2018), 397-420.

⓫ Qin, A Relational Theory of World Politics.

⓬ Kevin Yao, ‘What we know about China’s “dual circulation” economic strategy’, Reuters, 15 September 2020, <https://www.reuters.com/article/china-economy-transformation-explainer-idUSKBN2600B5> [accessed 16 October 2020].

⓭ Julian Gewirtz, ‘The Chinese Reassessment of Interdependence’, China Leadership Monitor, 1 June 2020, <https://www.prcleader.org/gewirtz> [accessed 16 October 2020]."

⓮ 同上。

⓯ 'EU Antitrust Boss Flags Facebook Crypto Libra for Monopoly Risks – CCN Markets', Litecoin Investor, 5 September 2019, <https://litecoininvestor.net/eu-facebook-crypto-libra-monopoly-risk/> [accessed 16 October 2020].

⓰ Pascal Lamy, 'The New World of Trade', ECIPE, May 2015, <https://ecipe.org/publications/new-world-trade/> [accessed 20 October 2020].

⓱ Anu Bradford, The Brussels Effect: How the European Union Rules the World(Oxford: Oxford University Press, 2020).

⓲ Zaki Laïdi, Norms Over Force: The Enigma of European Power (London: Palgrave Macmillan, 2008).

⓳ Nikita Kwatra and Sriharsha Devulapalli, 'By distancing China in tech, India may be shooting itself in the foot', Mint, 26 September 2020, <https://www.livemint.com/news/india/by-distancing-china-in-tech-india-may-be-shooting-itself-in-the-foot-11601045308847.html> [accessed 20 October 2020].

⓴ 'The new scramble for Africa: This time, the winners could be Africans themselves', Economist, 9 March 2019, <https://www.economist.com/leaders/2019/03/07/the-new-scramble-for-africa> [accessed 24 October 2020].

Conclusion disarming connectivity: a manifesto

❶ Yansheng Ma Lum and Raymond Mun Kong Lum, Sun Yat-sen in Hawaii: Activitiesand Supporters (Honolulu: University of Hawaii Press, 1999).

❷ 'Recovery from Codependency', Good Therapy, 21 November 2019, <https://www.goodtherapy.org/learn-about-therapy/issues/codependency/recovery> [accessed 2 November 2020].

❸ John Boswell and others, 'Place-based Politics and Nested Deprivation in the U.K.: Beyond Cities-towns, "Two Englands" and the "Left Behind"', Journal of Representative Democracy, 24 April 2020, <https://doi.org/10.1080/00344893.2020.1751258>.

❹ 'US–China Trade Relations: A way forward', US–China Trade Policy Working Group, 27 October 2019, <https://en.nsd.pku.edu.cn/docs/20191102095843918441.pdf> [accessed 2 November 2020].

❺ Paul Scheffer, 'Het multiculturele drama', NRC Handelsblad, 19 January 2000, <https://retro.nrc.nl/W2/Lab/Multicultureel/scheffer.html> [accessed 2 November 2020].

❻ Paul Scheffer, Immigrant Nations (Cambridge: Polity, 2011).

❼ Jonathan Haidt, 'When and Why Nationalism Beats Globalism', The American Interest, July 2016.

❽ See for example Mark Zuckerberg, 'Building Global Community', Facebook, 16 February 2017, <https://www.facebook.com/notes/mark- zuckerberg/ building- global-community/10154544292806634/> [accessed 2 November 2020]; Cal Newport, Digi-tal Minimalism: Choosing a Focused Life in a Noisy World (London: Portfolio, 2019); Jenna Clark, 'What Makes Technology Good or Bad for Us?', Greater Good Magazine,2 May 2019, https://greatergood.berkeley.edu/article/item/what_makes_technology_good_or_bad_for_us> [accessed 2 December 2020].

❾ Anthony Giddens, 'A magna carta for the digital age', Washington Post , 2 May 2018, <https://www.washingtonpost.com/news/theworldpost/wp/2018/05/02/artificial-intelligence/> [accessed 2 December 2020].

連結之戰：網路、經濟、移民如何成為武器
The Age of Unpeace: How Connectivity Causes Conflict

作　　者　馬克・里歐納德 Mark Leonard
譯　　者　王眞如

總 編 輯　周易正
主　　編　胡佳君
責任編輯　徐林均
編輯協力　郭正偉
行銷企劃　陳姿妘、李佩甄

封面設計　朱佑辰
內頁設計　羅光宇

印　　刷　崎威彩藝

定　　價　400 元
I S B N　978-626-95186-1-6
版　　次　2022 年 01 月　初版一刷

出 版 者　行人文化實驗室／行人股份有限公司
發 行 人　廖美立
地　　址　10074 臺北市中正區南昌路一段 49 號 2 樓
電　　話　+886-2-3765-2655
傳　　真　+886-2-3765-2660

總 經 銷　大和書報圖書股份有限公司
電　　話　+886-2-8990-2588

國家圖書館出版品預行編目 (CIP) 資料

連結之戰：網路、經濟、移民如何成為武器 / 馬克 . 里歐納德 (Mark Leonard) 作 ; 王眞如譯 . -- 初版 . -- 臺北市 : 行人文化實驗室 , 行人股份有限公司 , 2022.01
352 面 ; 14.8*21 公分
譯　自 : The Age of Unpeace: How Connectivity Causes Conflict
ISBN 978-626-95186-1-6(平裝)

1. 國際關係 2. 國際政治 3. 文化衝突

578　　110020106